不老不死を求めて

皇帝食

石橋幸（龍口酒家）

監修 南條竹則

The Emperor's Cuisine by Yuki ISHIBASHI (Chinahouse 龍口酒家)
Supervised by Takenori NANJO

Editor: Tomoya KUMAGAI (SLOGAN)
Designer: Shin WATANABE (SLOGAN)
Photographs: Kazuo KIKUCHI (Cuisines, Portraits),
Manabu NAKAGAWA (Portrait on book's cover, skirt and p.9),
Ryo OHWADA (Doccuments), 龍口酒家 Archive
Special Thanks to Kota USUDA, Satoko HAYAKAWA (Hair & Make-up)

November, 2024
Published by Tomoya KUMAGAI (SLOGAN)
SLOGAN
#125, 4-3-11 Roppongi, Minato-ku, Tokyo, Japan 106-0032
Phone: +81 (0)3-6721-1122 Fax: +81 (0)3-6721-1123
https://www.slogan.co.jp/
info@slogan.co.jp

Printed by Shinano, in JAPAN.

SLOGAN

中華料理とはなにか？

皇膳料理とは？——皇帝の食

——不老不死の食を求めて

われわれはなぜ長生きを望むのか？
人間にとって、食とはいったいなんなのか？

はじめに

石橋幸と申します。

〝チャイナハウス・龍口酒家〟という中華料理店を始めて、すでに40年近くになります。料理の道に入ってからは60年近く。

しかし中華料理の世界は、広く、深く、今もまだ道半ば。

そして食は、めくるめく官能の世界でもあります。

味覚はもちろん、視覚、触覚、嗅覚、聴覚に至るまで。

食は文字通りに生（生命／生活）を彩るものであり、生とは食そのものであるとすら言い切ることができます。

食と生について、これまでの経験と学んだものから、今、考えていることをここにまとめてみました。

中華料理とはなにか？

さて、私が生涯を賭けて取り組んでいる中華料理とは、いったいなんなのか？

中華料理の定義には、いろいろと難しい部分があります。

実際、街には中華料理店がたくさんありますが、どれひとつとして同じ店はありません。

もっともシンプルな中華料理の定義は、四千年の歴史、そして様々な政体の変化を超えて、中国大陸で発展・発達した料理文化ということができるでしょう。

しかし、ひとことで中国大陸といってもそれが指すところ広大で、その歴史にも膨大な蓄積があります。

実際、物理的にも大変に広い。北京、上海、広州、杭州、四川、東北……、中国大陸の様々な地域に、それぞれの風土をベースに、独自の料理文化が花開いてきました。

その膨大な料理の蓄積に共通するものはいったい何なのか？

私自身は、中華料理を、〝自らを癒やす／養うことができる料理〟と定義しています。

美味しいことはもちろんですが、何よりも、食べることによって、自分の身体を健康にして、一日でも長く人生を楽しめるようにできる料理。

そう、ひとことで言えば、長生きのための料理です。

龍口酒家の料理は、食べ続ければ必ず心身に「効き」、寿命を伸ばし、生を充実したものにすることができる料理である。

何よりもそこを大切にした中華料理の研究を重ねてきました。

皇膳料理とは？——不老不死の食を求めて

永遠の命、不老不死は人類の夢ですが、万里の長城や兵馬俑で知られる秦の始皇帝（紀元前259－210）はそれを追い求めた人物です。

よく知られている通り、中国大陸を初めて統一して、最初の皇帝となった彼は、自らの命の永続を願い、不老不死の薬を人民たちに探索させました。そのことによる薬の研究や知識が、中華料理に取り入れられているといいます。

一分一秒でも長く生きて、この世界をより多く味わいたい。

本来、中華料理には、この始皇帝の哲学が深く内包されているはずなのです。

その料理や漢方・食材の研究は、その後も、皇帝や政体が変わっても、代々の皇帝／権力者たちがその生をより長く味わうためのテクノロジー／財産として、非常に大切にされて後世に伝えられてきました。

龍口酒家の料理は、中華料理の中でも「皇膳料理」と銘打っています。

これは、ＳＦ作家／ゲーム・デザイナーの故・佐藤大輔さんが命名してくれたものですが、数多ある中華料理の中でも、〝皇帝が不老不死を求めて食べようと願った料理〟を指しています。

そのような料理を学び、再現し、そして現代の状況に応じて新たな研究を加えて生み出す21世紀日本の中華料理、これが私たちの目指している「皇膳料理」です。

われわれはなぜ長生きを望むのか？

私自身が、この歳になっても、長生きをしていたいと考えています。

まだまだ食べてみたい食材がある。

まだまだ作ってみたい料理がある。

まだまだ、生きることには楽しさがたくさんあります。

せっかく生まれてきたのですから、この世の楽しみを、ひとつでも数多く、そして一分一秒でも長く、そして——深く——味わっておきたいのです。

そのためには、健康でありたい。

生命の「長さ」はもちろんのこと、その生命の「質」も大切にしたいと思うのです。

料理に取り組む私自身が、いわゆる「五感」を強く意識しているからかもしれません。

五感をすべて大切にしつつ、毎日の生活を楽しみたい。

私の料理を食べてくださる方々には、味はもちろんのこと、本当に、五感すべてを使って味わっていただきたいと考えています。

食による五感の官能と生（生命／生活）、それをどのように繋げることができるのか？

それこそが私の長年取り組んできた中華料理――皇膳料理、その真髄であることに、徐々に気づいてきたのです。

人間にとって、食とはいったいなんなのか？

料理を学びながら、私は考え続けてきました。

われわれは長生きをしたいと望む――それはどうしてなのか？

われわれは美味しいものを食べたいと望む――それはどうしてなのか？

「美味しい」とは、そもそもなんなのか？

人間にとって、食とはいったいなんなのか？

料理／食はどれくらい人間の生を変えることができるのか？

私の料理の研究はまだまだ続きますが、まずは一度、これまでの経験と料理、そして生きることについてお話しさせていただければと思います。

目次

皇帝食　不老不死を求めて

料理写真＝龍口酒家アーカイヴ

第三章 火

第四章 味

第五章 薬

スッポンの姿蒸し

合鴨の蒸しもの

ウナギの味噌炒め

トウモロコシとクコの実とホタテの炒め

ハモとドラゴンフルーツソースの炒め

アスパラと白海老の炒め

杭州の宴席献立表

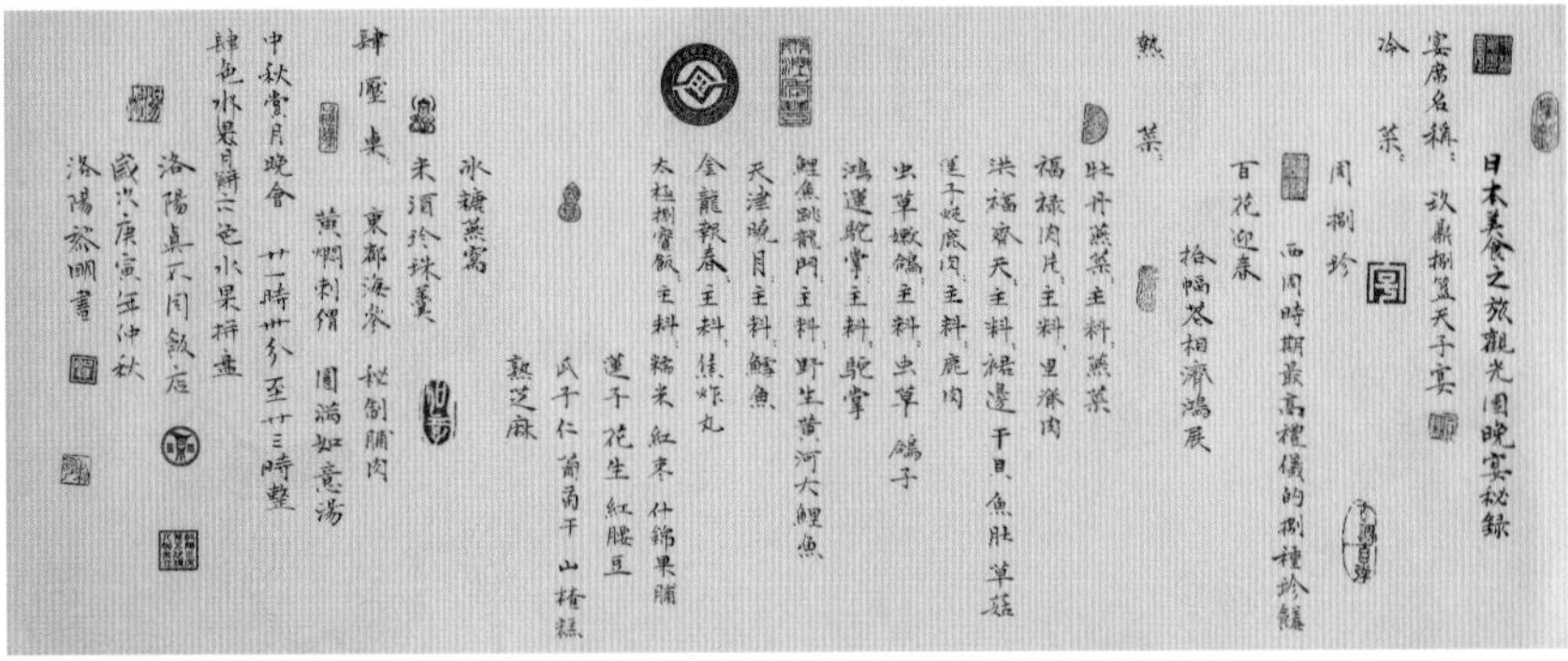

日本美食之旅観光団晩宴秘録
宴席名称：玖鼎捌簋天子宴
冷菜：周捌珍
西周時期最高禮儀的捌種珍饈
百花迎春
拾幅荟相濟鴻展
熱菜：
牡丹燕菜、主料：燕菜
福祿肉片、主料：里脊肉
洪福齊天、主料：裙邊 干貝、魚肚 草菇
蓮子燒鹿肉、主料：鹿肉
虫草嫩鴿、主料：虫草 鴿子
鴻運駝掌、主料：駝掌
鯉魚跳龍門、主料：野生黄河大鯉魚
天津晩月、主料：鱈魚
金龍報春、主料：焦炸丸
太極捌寶飯、主料：糯米 紅棗 什錦果脯
蓮子 花生 紅腰豆
瓜子仁 葡萄干 山楂糕
熟芝麻
冰糖燕窩
米酒珍珠羹
肆壓桌 東都海参 秘制脯肉
黄燜刺猬 圓滿如意湯
中秋賞月晩會 廿一時卅分至廿三時整
肆色水果月餅六色水果拼盘
洛陽真不同飯店
歳次庚寅年仲秋
洛陽蔡明書

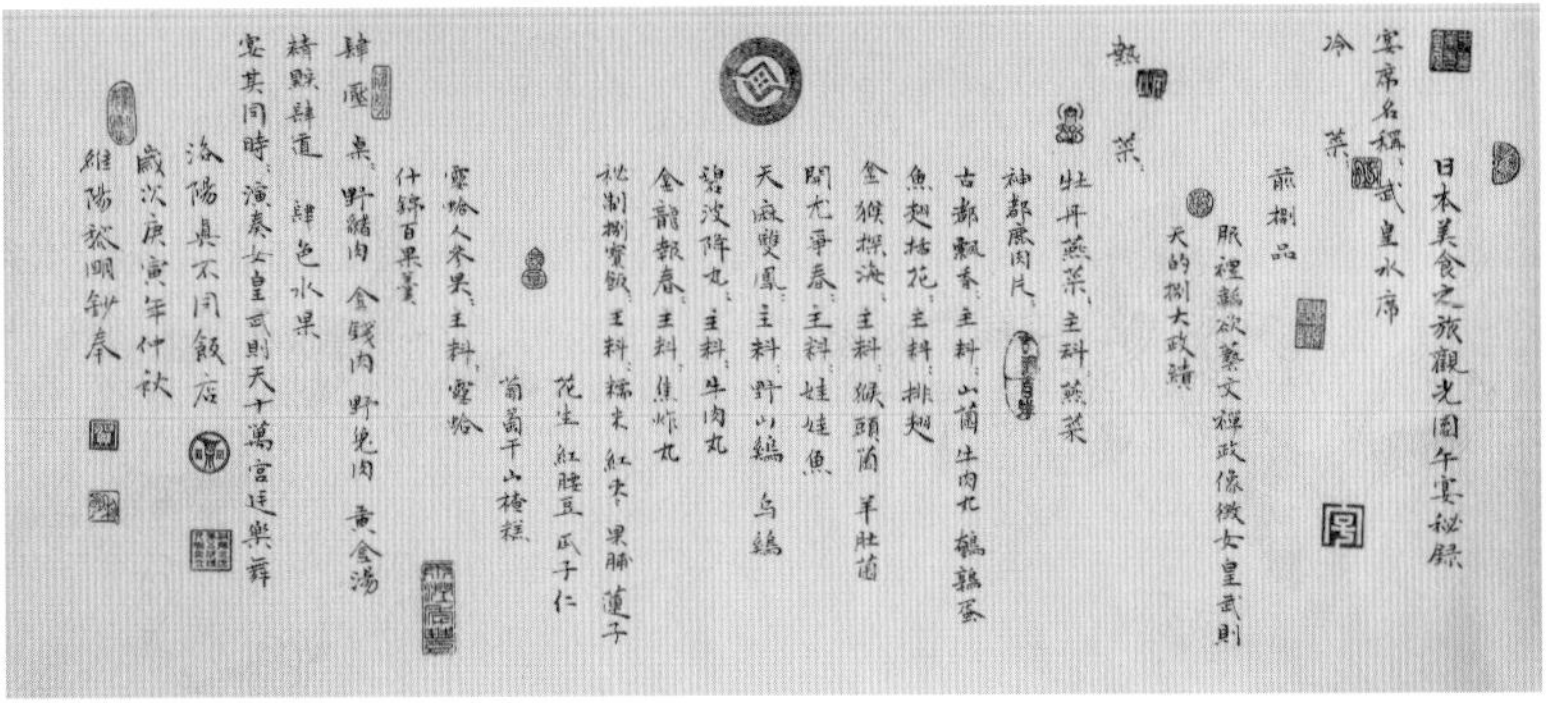

日本美食之旅観光団午宴秘録
宴席名称：武皇水席
冷菜：前捌品
脈裡融欲繁文禅政係微女皇武則
天的捌大政績
熱菜：
牡丹燕菜、主料：燕菜
神都醬肉片、
古都飄香、主料：山菌 牛肉丸 鵪鶉蛋
魚翅桂花、主料：排翅
金猴探海、主料：猴頭菌 羊肚菌
聞尤爭春、主料：娃娃魚
天麻雙鳳、主料：野山鷄 烏鷄
碧波降丸、主料：牛肉丸
金龍報春、主料：焦炸丸
秘制捌寶飯、主料：糯米 紅棗 果脯 蓮子
花生 紅腰豆 瓜子仁
葡萄干山楂糕
蜜蛤人参果、主料：蜜蛤
什錦百果羹、
肆壓桌、野豬肉 金銭肉 野兎肉 黄金湯
精緻肆道 肆色水果
宴其同時、演奏女皇武則天十萬宮廷樂舞
洛陽真不同飯店
歳次庚寅年仲秋
洛陽蔡明鈔奉

則天武后の宴席献立表

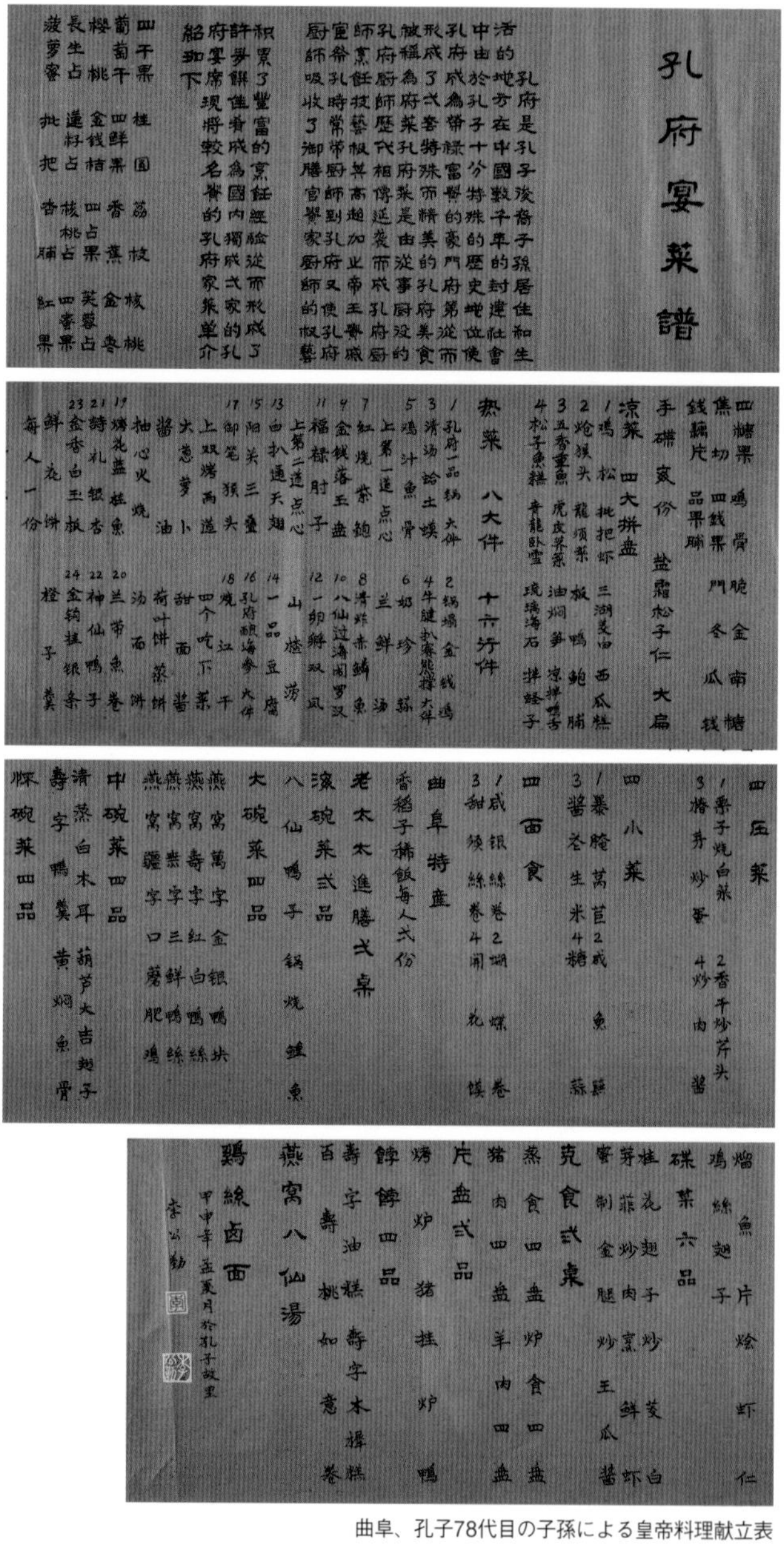

曲阜、孔子78代目の子孫による皇帝料理献立表

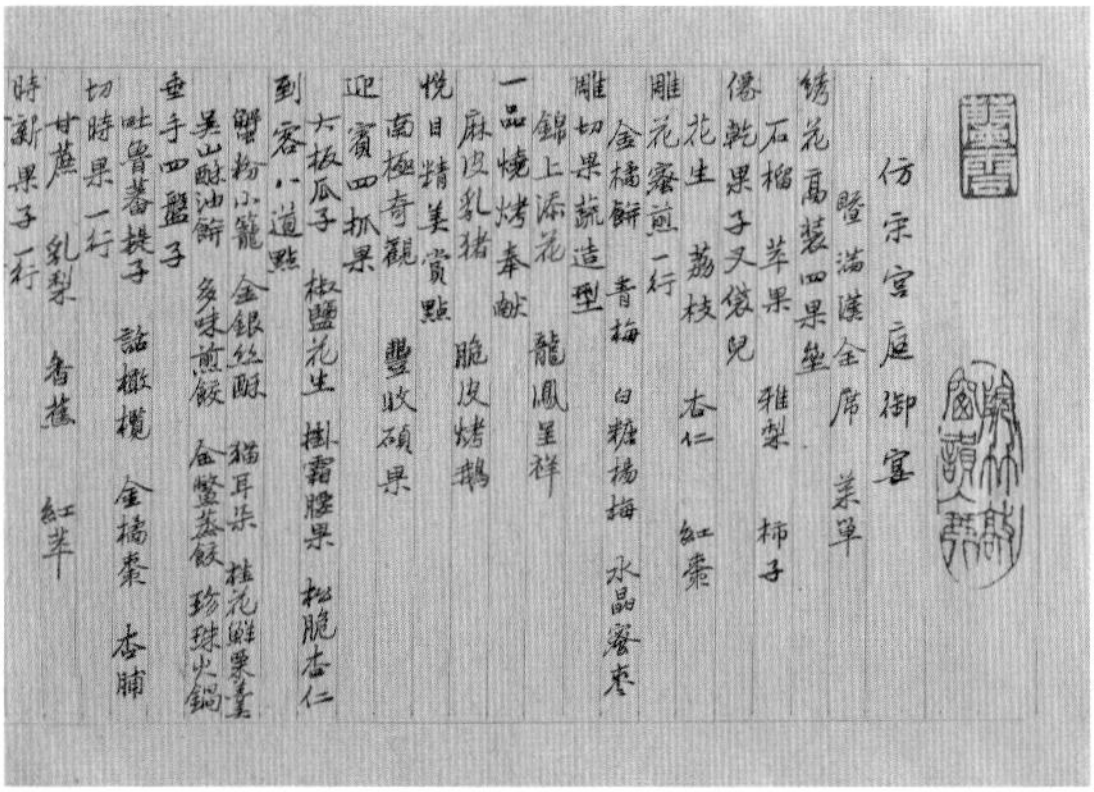

仿宋宮庭御宴
暨滿漢全席 菜單
綉花高裝四果壘
石榴 苹果 雅梨 柿子
傷乾果子叉袋兒
花生 荔枝 杏仁 紅棗
雕花蜜煎一行
金橘餅 青梅 白糖楊梅 水晶蜜棗
雕切果蔬造型
錦上添花 龍鳳呈祥
一品燒烤奉獻
麻皮乳猪 脆皮烤鵝
悦目精美賞點
南極奇觀 豐收碩果
迎賓四抓果
六板瓜子 椒鹽花生 掛霜腰果 松脆杏仁
到客八道點
蟹粉小籠 金銀絲酥 猫耳朵 桂花鮮栗羹
吳山酥油餅 多味煎餃 金蟹蒸餃 珍珠火鍋
垂手四盤子
吐魯番提子 話橄欖 金橘棗 杏脯
切時果一行
甘蔗 乳梨 香蕉 紅苹
時新果子一行

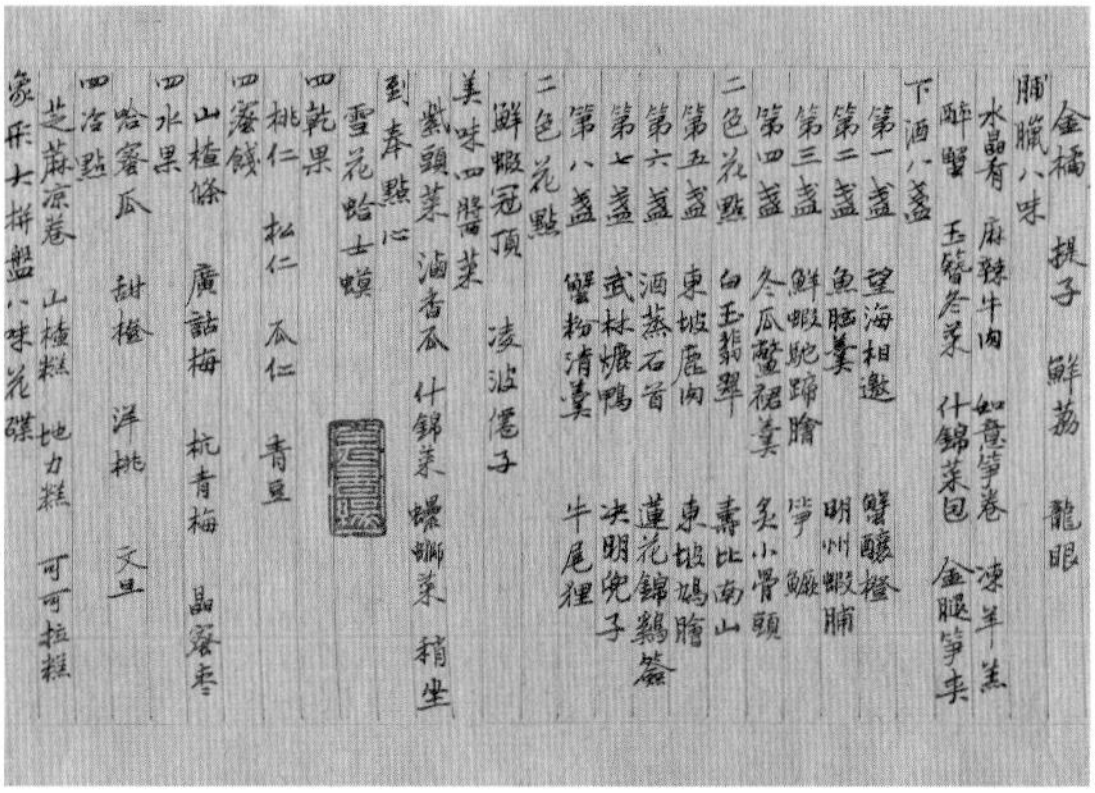

金橘 提子 鮮荔 龍眼
脯臘八味
水晶肴 麻辣牛肉 如意筍卷 凍羊羔
醉蟹 玉簪冬菜 什錦菜包 金腿筍夾
下酒八盞
第一盞 望海相邀 蟹釀橙
第二盞 魚膾羹 明州蝦脯
第三盞 鮮蝦肥蹄膾 筍鱁
第四盞 冬瓜鱉裙羹 炙小骨頭
二色花點
白玉翡翠 壽比南山
第五盞 東坡鹿肉 東坡鳩膾
第六盞 酒蒸石首 蓮花錦雞簽
第七盞 武林爊鴨 決明兜子
第八盞 蟹粉清羹 牛尾狸
二色花點
鮮蝦冠頂 凌波僊子
美味四醬菜
紫頭菜 酒香瓜 什錦菜 螺螄菜 稍生
到奉點心
雪花蛤士蟆
四乾果
桃仁 松仁 瓜仁 青豆
四蜜餞
山楂條 廣話梅 杭青梅 晶蜜棗
四水果
哈蜜瓜 甜橙 洋桃 文旦
四冷點
芝麻涼卷 山楂糕 地力糕 可可拉糕
豪采大拼盤八味花碟

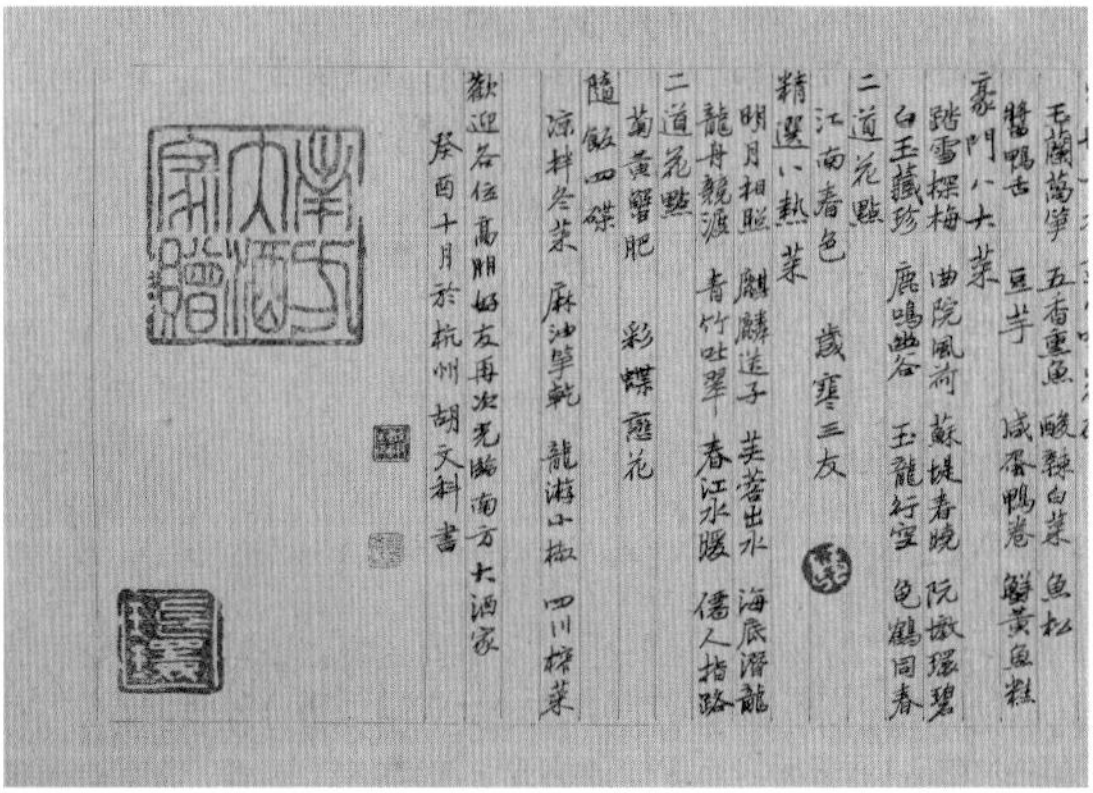

毛蘭萬筍 五香熏魚 酸辣白菜 魚松
醬鴨舌 豆芋 鹹蛋鴨卷 蟹黃魚糕
豪門八大菜
踏雪探梅 曲院風荷 蘇堤春曉 阮墩環碧
白玉藏珍 鹿鳴幽谷 玉龍行空 仙鶴同春
二道花點
江南春色 歲寒三友
精選八熱菜
明月相照 麒麟送子 芙蓉出水 海底潛龍
龍舟競渡 青竹吐翠 春江水暖 儒人指路
二道花點
菊黃蟹肥 彩蝶戀花
隨飯四碟
涼拌冬菜 麻油筍乾 龍游小椒 四川榨菜
歡迎各位高朋好友再次光臨南方大酒家
癸酉十月於杭州 胡文科書

2005年、杭州・皇帝料理の献立表

1977年ごろ。修行中（龍口酒家アーカイヴ）

第一章 料理人・石橋幸、そのあゆみ

石橋幸、料理の始まり

小学3年生の私の目の前に、一匹の鮫の子がいる。

この子をどうやって食べようか。

これが私の初めての料理です。

生まれが銚子で、親は漁師でした。

夏はよく地引網をしている場所まで行って、そのときには、小さな鮫の子が獲れたのです。

祖母に、この鮫の子でなにか作ってもらおうと持ち帰ったら、家には誰もいなかった。

でも、おなかが空いていました。それなら仕方ない、自分でなにか作ってみようと。

見よう見まねです。皮を剥いで、輪切りにして、マッチを擦って火をつけて煮込んで、たしか醤油と砂糖だけでしたが、それなりに味をつけてみた。そうしたら、なんだかものすごく美味しいものができた。

旨いな！　と自分でも驚いたのを覚えています。

あの鮫の子が、私の料理の原点、食への目覚めになってくれました。

なんでも食べてみよう

それからはナイフとマッチをいつでも持ち歩くようになりました。

そうすると、なんでも食べられるのです。

どこに行っても、目につくものがあったら、それをいろいろ自分で料理して、食べてみる。魚はもちろん、草でもなんでも、もう本当に、手当り次第に、いろいろ調理法を考えて、食べてみる。

当時は鍋とかもゴミ捨て場に落ちていたりしました。なので、それを洗って、水を入れて草を茹でて、うん、食べられる、美味しい、と。

もちろん、なんの草かなんてわかりません。でも、鳥がその草を食べているんだから、人間が食べられないわけがない(笑)。

その結果、地球上に食べられないものはないんじゃないかと思うようになりました。そうすると、目の前の世界、全部が食べものです。これはとても楽しい。

そんなときに、親がチャボのつがいを買ってくれました。卵が産まれる。そうすると今度はそれを焼いたり茹でたり、卵の研究が始まりました。

子どものころから動物が大好きでした。山に行くと、鳥の子を持ってきちゃったりする。だから家には鳥もいっぱいいて、もちろん私はその鳥は食べないけれど、そのときに飼っていた猫が、鳥を食べちゃうこともある。かわいそうですよね。寂しくなるし。

そうすると、私は仲間がほしいので、また山に鳥を獲りに行って連れて帰る。でも、やっぱり猫に食べられたりする。

一方で、私は、チャボの卵を食べ、鳥が食べるようなそこらの草を研究して、それも食べる……。食物連鎖ではありませんが、このことは、自然のつながりみたいなものを意識するきっかけだった気がします。

小学生は忙しい

この自然のつながりが、自分に商売すら教えてくれました。

当時の銚子には、東京から、貸し切りバスに乗ってキノコ狩りに来る人たちがいました。

そういう人たちに、山で見つけて獲っておいたキノコやドジョウを安く売ったりしていたのです。そうすると、そのお金で鳥にあげる餌が買える。

キノコを売ったお金で鳥に餌をあげて、育てて、かわいがる。

でも、猫は、おなかが空けばそれを食べちゃうこともある。

私にとっては、鳥も猫も同じ仲間です。

そういう環境のなかで、子どもながらに、生命と食べものとお金の循環のようなものが、なんとなく、理解できてくるわけです。

しかし、そんなことをしていると、忙しい。

料理の研究や食材の仕入れ（笑）、動物の世話で、もう学校に行く時間なんてない。たまに学校に行っても、勉強がわかるわけもないんです。

学校に居残りさせられて、補習のテストと向かい合っていると、答えがわからないどころか、問題の意味もわからないんだから、まあ、ダメですよね（笑）。一緒に帰ろうという友達が、外から一所懸命に窓越しに答えを教えてくれるんだけど、それがどの問題の答えかもわからなくて、じつに情けない。こりゃダメだな。将来が不安になるわけです。

将来について、悩む

どうしようもないので、小学校4年生のときに、これはもう社長になるしかないと決心しました。俺は勉強はできない。でも、それができる人にその部分をお願いすればいいんじゃないかな、と。今思えば「社長」の意味もなにもわかっていなかったのですが、学校の勉強は無理だ、腕を磨こうという開き直りです。

社長と、もうひとつなろうかどうかと悩んだ職業があって、それは刀鍛冶でした。なにかを切ることと、火が大好きだったから、かっこいいなあ、と。

そしてその頃、偶然ですが、一番上の兄貴が中華料理のコックになりました。

あ、そういう仕事もあるのか、と思いました。

いつも山でやってることじゃん。火も使えるじゃん。

これで学校行かなくてよくなるじゃん。

親は、家に居ると悪さばかりすると言って、私の扱いに困り果てていました。中学を出たら私も料理人になりたいと言ったら、上京を許してくれました。わかった、人殺しと泥棒さえしなければいいよ、と。

そして私は、中学を出て、御徒町の駅前にある東栄軒という中華料理店の門を叩きました。私の働いた、一番最初のお店です。

料理人ことはじめ

初めて働いたこの東栄軒で、いまだにどうしても忘れられないことがあります。

手始めにホールと調理場を一週間ずつ経験して、その後、チーフに、調理場の餃子づくりを指示されました。

餃子づくりはキツい仕事です。

麺棒でずっと皮を延ばし続けなければいけません。

一週間やってみたら、手が痛くて痛くてたまらない。一日に千枚くらいつくるんだけど、本当にものすごく痛い。

さらに、その痛い手で餃子をつくってみたら、自分の下手さ加減に驚かされるわけです。早い人はものすごく早いし、当然、ものすごく上手い。

それを見て、私は思わずちょっと口にしちゃった。

「これ、やりたくないな」って。

そしたらチーフがすぐに言う。

「あ、じゃあ、やらなくていいから。もう触らなくていいよ。皿洗いをやれ」

――悔しくて悔しくてね。本当に悔しかった。

どうして俺はあんなひとことを口に出しちゃったんだろうと。

そう思いながらも、手は本当に痛い。

でも、同時に、ものすごい悔しさが刻み込まれる。

料理人になろうと思っていたはずなのに、そのひとことで食材に触ることができなくなった。

今思うと、たったひとことの大切さをそのときに知った気がします。

次には銀座のコックドールというバイキングのお店に入りました。

宴会料理だから、料理の種類もたくさんあるし、質の高いものが多かった。

それが楽しくて働いていたんだけど、なかなか、そのチーフの料理の味の秘密がわからない。

当時は、料理は、教えるものでも教わるものでもなかった。上の人も、下の者には教えない。つまり、独自に盗むものなんです。

こちらは、これはどういう味付けなんだ？　どんなふうにつくっているんだ？　と、必死です。もはや今ではありえないような手段で貪欲に知識を貪った。お皿を洗い場に戻すときに、指についたソースを確かめたりね。

このお店の経験で一番大きかったのは、温度によって味がどれくらい変わるか、その実際を学んだことです。

当然のことながら、同じ食材、同じ料理でも、熱いものと冷めているものでは味がまったく違う。このコックドールで、それがどのように変化するかを身体で知った。食材、味、そして料理法の関係に、本当の興味が湧いたのはこのときだったかもしれません。

次に入ったのは、今も有名な赤坂飯店です。

私はまな板を担当しました。

そこでキャベツを切って、普通に残りの芯を捨てていたら、マダムが出てきて言う。

「どうしてこれを捨てるの？　これは食べもの、お金なのよ。これがあなたのお給料になるの。食べられなかったら捨てていいけれど、食べられるんだから……」

なるほどそう考えるのか、と思いましたね。

確かに、キャベツの芯も見栄えのいい食材ではない。でも、材料として使えば、たとえば、餃子のタネの材料にもなる。

私自身、子どもの頃から、もともとなんでも料理して食べてやろうと思っていたわけですから、そこからさらに食材というものについて深く考えるようになるわけです。

あれもこうすれば食べられる。

これのここも、こうやれば、食べられる。

この赤坂飯店では、ものすごく勉強させていただきました。

そして実際、中華料理には、捨てる食材がないんです。

たとえば、エビの皮は通常捨てます。でもそれを捨てずに油に入れれば蝦油《シャーユ》という油になる。

ネギの緑の部分も、油に入れれば葱油《ソンユ》という油になる……。

料理人の先輩としての兄のこと

私よりも先に料理人になった兄は、私が16、7歳、この世界に入ったばかりのころにはすでに中華料理の世界で有名人になっていました。料理の腕前はもちろん、とにかく仕事ができたのです。20代で、すでに500人くらいの部下を持っていました。

兄には毎日仕事の相談をしにくる人が多くて、彼はほとんど一日中喫茶店で過ごしていました。料理は夕方の6時から7時頃までの1時間くらいだけ、それを終えて家に帰る。そして年に一度はキャバレーでみんなを集めて定例会を開いていた。よくもまあそういうことをお店が許す時代だったとも思いますが、単純に、楽しそうですよね。

私はそういう兄を見ていたので、よし、早く仕事を覚えて人の上に立つようになろう、それにはお店をどんどん変えて勉強を重ねて腕前を上げていくことだと思ったものでした。

ただ一方で、兄が有名人だったりすると、変なことも起きます。

あれはまだ千葉のことでしたが、前日に入ったばかりの調理場に行ってみたら、誰だかわからない人が3人仕事場にいたのです。私の聞いていない、その日に新しくお店に入ってきた人たちでした。そして、私はそこでは既に鍋を担当していたのですが、ダメだ、皿洗いをやれと言ってくる。悔しいけど、なんとなく我慢した。

でも、その翌日、訊ねられるわけです。

「君は、僕の知っている石橋さんの弟さんじゃないよね？」と。

私は「あ、その石橋の弟です」と伝える。

そうするといきなり彼らの態度が変わって、私が鍋を振ることになる（笑）。弟の私も、兄のように仕事ができるだろうと思われたのでしょうね。

でも、一方、派閥の違う人たちからは意地悪をされたりもしました。

あれは浦安で働いて2、3日したころだったか、当時の私はまな板担当だったのですが、鍋をやっている隣の人が、「君はあの石橋の弟なんだって？」と訊ねてくる。そうですよと軽く返事をして、材料を切ってバットに入れて鍋に差し出すと、いきなり、これは違う！　と戻ってくる。私は驚いて、えっ、なにが違うの？　と訊いても、返事がない。

結局、反対側の隣の一番板に訊ねて、長ネギの切り方の違いだと知りましたが、教えてくれてもいいですよね。

これは派閥の違いゆえの、幼稚な意地悪なのです。先にも書いた通り、昔の中華の世界が技術や味を教え合うことはせず、自ら学ぶ・盗むものであったことは事実ですが、それにしてもという感じで、これは、当時、まだ若いのに顔を利かせていた兄の存在感の大きさゆえでもあったのでしょう。

兄は、その晩年に一緒に仕事をすることもありました。いろいろありながら、私よりも先に亡くなってしまいましたが、いろいろな意味で大きな影響を与えてくれる人だったと言えると思います。

中華料理に取り憑かれる

赤坂飯店で働いていた頃には、もう本当に中華料理が好きになっていました。文字通り、虜《とりこ》になったと言ってもいい。料理を食べることにも覚えることにも必死になりました。人に言えないくらいに中華料理が好きになった。

さらに料理を覚えるために、外のお店にもいろいろ調べて食べに行く。でも、まだお給料も高くない。だから、一人で行くしかないんです。

そして一回一回が真剣勝負です。料理の先輩と行くと、ライバルが増えることになってしまうでしょう？　今の若い人たちはそこまでやらないかもしれませんが、とにかく貪欲で、全力で、あらゆる感覚を使って中華料理を覚えようとしていました。

中華料理のなににそこまで惹かれたのかというと……私は学校で勉強しなかったから横文字が読めない。だからフランス料理はダメだよね。日本料理も字とか難しいよね。

その点、中華料理は、それを学ぶ場合、小学一年生も大学生も、覚えることは一緒なんです。簡単な漢字だけど、読み方が違うだけだから、一から覚えればよくて、誰でもできる……というのは半分は冗談だとしても（笑）、やはり、食材と火／温度の関係のおもしろさかな。本当に、中華料理の世界には無限に近いものがありますから。

そして、中華料理というものの自由さです。

あとでより詳しくお話ししますが、中華料理には、いわゆるレシピは存在しないんです。ある食材をどう焼く／煮る／炒める／蒸すかといった基本的な調理法だけで、決まったルールはなにひとつない。

しかしこれは一方で、全部自分で学んで考えてやらないといけないということでもある。これは大変です。

さらに、中華料理全体で7000以上のメニューがあると言われています。和食が1000と言われていて、フランス料理もそれくらい。

中華の7000の料理、それを覚えていくのは本当に大変なことで、いくら勉強しても時間が足りない。だから中華料理では、点心の料理人は一生点心をつくり続けていたりします。そうやって極めていく道もある。

今、私がつくることができるのは2000かそこらかな。7000は、一生かかっても無理ですよね。でも、だからこそ、必死に勉強していく。そしてその中で、なにか、少しずつ、自分なりのなにかがつかめてくるわけです。

修行時代の生活

当時の私は、お店をどんどん替えて、いろいろ学んで、このお店でこれが学べたと思ったらまた次のお店の門を叩く、ということを繰り返していました。

調理人の紹介をしているところがあって、また来たの？　なんて言われながら、次に行くべきお店を探してもらう。そこでちょっとずつ給料を良くしてもらうんですが、月に18万円くらいのときが長かったかな。

そして、徐々に、レパートリーが増えていく。中華料理というものを、少しずつ身体で覚えていく。

この頃は……お店を替えながら、いつかは自分の店を持とう、社長になろうと思っていた気はするけれど、それよりも、目の前の料理を覚えるのに必死だったように思います。とにかく相手としての中華料理は底が知れないからね。それはこの頃から50年が経った今も、まったく変わらない。まったく出口が見えない。中華料理は、常に自分を見習いと思っていないとダメですね。

フレンチでも和食でも、偉くなると、自分で包丁を握ったり鍋を振ったりしなくなるでしょう？

でも、中華料理でそれをやっていたら、負ける。

料理人としてダメになるんです。

というか、単純に、つまらないじゃないですか。中華料理は、自分で研究して自分でいろいろ試すことができる。それがおもしろいんだから。

蒲田に最初の〝龍口酒家〟を出す

いろいろなお店の修業を経て、32歳のときに、独立して自分のお店を持つことができました。

その頃は、紹介所でまたかという顔をされながら別なお店を紹介してもらうのも、さすがになんだかそろそろ違うのかな？　という感じも出てきた。とにかくすごい数のお店を渡り歩いたし、紹介も、これだけ数が重なってくるとね。

御茶ノ水の山の上ホテルからも声がかかって、さてそこに勤めるか、それとも自分でやるか、ということになっていました。でも、もうずっとお給料も安いままだったし、ここで山の上ホテルに行っても、また半年でやめちゃったりしてもしょうがないよなと思ってね。

それで、１９８３年、蒲田に、最初の〝龍口酒家〟を開店させました。16席しかない、とても小さなお店でした。

蒲田時代の龍口酒家（龍口酒家アーカイヴ）

本当に狭いお店だったから、食材はそこら中に見えているし——豚の胎児がカウンターにズラッと並んでいましたね——たしかに個性的な店ではありました。

お店を開くというのは、大変なことですよね。まずは場所なんです。そのときのお店は、駅から歩いて7、8分だけど、普通に歩けば10分かな。住宅地の、もうお店がないようなところにポツンと看板がある感じ。

最初は大変でした。でも、始まりが大変な方が、いろんなことが身につきますね。最初からお客さんがいっぱいついちゃうと、お客さんを大事にしない。お客さんを大事にすると、お客さんもこちらを大事にしてくれますよね。常にお客さんが第一。このことは、また後でお話しすることもあるかもしれません。

そして徐々に、たくさんのお客さんが、毎晩、遠方からも来てくれるようになりました。ものすごくおもしろかった。時代も良くて、お客さんのニーズとビジネスのバランスが良かった。食材も、場所の利もあって、なんでも便利に集められました。

このときは私が料理はもちろん、皿洗いもサービスもひとりでやっていましたから、お客さんとのコミュニケーションも必然的に密になる。この頃のお客さんは今でもたくさん幡ヶ谷のお店に来てくださっていますし、私にとって、一種の懐かしさもありますね。本当に活気のあるお店でした。

お店が小さいものだから、お客さんが溢れちゃっていて、勝手にテーブルを持ってきて、お客さんたちが外でみんなで食べてるの（笑）。30人くらいの集団ができていて、お酒を取ってもらうのも料理を運ぶのも、お客さんにお願いしないといけないような、そんな状態。

この頃は銀行のお客さんが多かったな。いわゆるネクタイ族ね。出版社の人も多かった。たった16席しかないのに、かならず出版社の人が一人は混じっていましたね。

〝変態中華〟という称号もいただいてしまったのもこの頃です（笑）。雑誌が取材に来て、その見本誌が届いたら、パリ人肉食の佐川事件と並べられていて、こりゃ、あんまり人には見せられないなと思ったりね……。

メニューのない料理店へ

開店当時、一年間くらいは、普通のお店のようにメニューがあったんです。

ただ、常連のお客さんができてくると、その日入った食材によって、「こういうのもできますけど、食べますか？」ということをこちらから提案していくようにもなってくる。そして、それを出すと、お客さんも、知らないものを食べられるわけですから、喜んでいただける。

料理人としての意識の転換が生まれるわけです。

メニューにあるものをお客さんに出すための料理人もいいけれど、今までに自分が積み重ねてきたものをお客さんに出すのが本来の〝料理人〟なんじゃないかな、と。

そして、決まったメニューを頼む／頼まれるという関係ではなく、出てきたというかそのときに「生まれた」料理を、料理人とお客さんが話をしながら食べてもらう。これは、私にとっても、とても楽しいことでした。

ただ、そうすると、お値段の問題は出てきます。味の良し悪しに限らず、高い食材も、お安い食材もありますから。

でも、どんなに高級な食材でも、基本的にはメニューと同じ価格帯で出していこうと決めました。この一皿では赤字になるかもしれないけれど、ここまで修行を重ねていれば、高価ではない素材で美味しいものをつくることもできるから、利益は、お店全体として考えればいいんじゃないかな、と。

その方が、お客さんにとっても気持ちがいいんじゃないかと思うんですよね。お値段を統一してしまえば、お高い料理をたくさん売ろうとか考えないし、食材の値段は季節によって変わるわけで、それも料理に活かしていけばいいし——旬の味と栄養ということも含めてさらに大きなスケールで考えるようになったのは、もうちょっと後のことだったかもしれませんけれども。

ただ、まあ、正直に言うと、昔も今も、食材の原価率がすごく高くてね。そして文字通りに猫の手も借りたいくらいに忙しくて、それで売上の数字が上がっていても、そうか、利益はこんなに趣味レベルになるの、という感じではあります（笑）。

料理店は、まともにやったら、そう儲かるものではありませんよね。でも、この姿勢のおかげで数十年やってきていますから。お客さんと一緒にね。それでいいんじゃないかと思っています。

お客さんとの「対話」

お客さんには、本当に恵まれてきましたね。これは本当に、私の財産。あとでまたお話しすると思いますが、私の料理は、そしてお店のあり方は、お客さんとの対話・会話でもあります。

この対話というのは、直接の会話だけではありません。たとえば、料理を作って、それがお客さんのところに届くまでの時間、そしてそれを食べてくださっているお客さんの表情や気持ち、最初の感想、そういうものをすべて料理人は受けとめています。

料理は一番美味しい温度でテーブルに着くようにしているわけなので、お願いだから冷めないうちに食べてくれないかなとやきもきしちゃたりね（笑）。本当に、不思議なくらいに、調理場とお客さんのテーブルはつながっているものなんですよ。

お客さん同士が、「な、美味しいだろ？」「うん、美味しいね」と話しているのを聞くのがなによりも嬉しい。

それらの反応を、次の料理、次回そのお客さんが来たとき、翌日……と、自分の料理やおもてなしにフィードバックさせていく。そういう意味でも対話であって、それは当然、進化、深化していくわけです。退化したら仕方ないですもんね（笑）。

そういうことを何十年も続けていたら、うちのお客さんには、ものすごい知識を持っている人、ものすごい経験をしている人、そして変わった人がたくさん来るようになった。

こうなると、お客さんから聞いた食材に興味が湧くし、教えていただいた料理もある。一方で、お客さんからこういうものが食べたいと言われれば、なるほどそれはどうすれば実現できるかな、どうすれば美味しく食べられるかなと考える。

お客さんと一緒に中国に料理研究の旅に行きますし、それでこちらの料理の世界もグンと拡がった。

だから、龍口酒家は、私とお客さんたちとの料理の研究所みたいになってしまったようなところもあります。

蒲田にお店を開いたときには、まさかそういうお店になるとは思いもしませんでしたが、料理もお店も、もちろん自分も、どんどん変わってくるんですよね。

「対話」は、龍口酒家のひとつのキーワードになるかもしれません。

食材との「対話」

お客さんとのみならず、ちょっと不思議な言い方になってしまうかもしれませんが、私は毎日、食材とも「対話」しているつもりです。

食材は、たとえ同じ種類のものであっても、それぞれ違ってきます。季節によっても大きく違う。水分量、大きさ、重さ、熟れ方、そして当然、味も、全部が毎回毎回違ってくるわけです。

つまり、食材には個性がある。

そこで、そのときに入ってきた食材の個性を見て、どんな料理、どんな仕上げにすれば一番美味しいかを考える。たとえ同じ料理であっても、食材の個性によって、火加減も、調味の加減も、少しずつ、でも、じつはかなり大きく変わってきます。

このことが、うちにはメニューがないということとも関わってきます。

というのは、じつは、最終的にどういう仕上げになるのか、自分でもわからないまま調理をすることも多々あるからです。

人間の味覚は、だいたい決まっています。これも後で詳しく話しますが、私の料理は、味覚のある一定の範囲に収まるように作っています。つまり、味の範囲と方向性には、自分自身の基準と範囲があります。その中で、素材を、栄養価を活かしつつ、どう仕上げていくのか。それを考えながら、素材と、「対話」を繰り返していくのです。

そして自分の味覚の一定の範囲内に料理を仕上げていくことは、経験を積んだ料理人であれば、そう難しいことではありません。じつは、難しいのはその先です。これは後ほど詳しくお話ししましょう。

包丁で切りながら、これはどういう調理法にしようかなと考えつつ、鍋を振りながらも、どういう料理にするのか決まっていないこともよくあるし、お客さんに出す2分前でもまだ決まっていないこともある。

閃きを待つ……と言うと、かっこよすぎるかな（笑）。

中華料理と化学調味料について

先にも少し書きましたが、日本には中華料理店が本当にたくさんあります。高級な中華料理店も、そしていわゆる「街中華」というものもあります。

もちろん、それらもすべて「中華料理」です。私が目指している中華料理とは違ったものも多々ありますが。

ただ、中華料理というものを論じる場合、どうしても言っておかなければならないのが化学調味料（ＭＳＧ）の存在です。今ではうま味調味料と呼ばれたりもするようですが。

1960年代のアメリカで、中華料理店症候群というものが話題になったことがありました。化学調味料を大量に使った料理を口にした客が、体調不良を訴えたという事件です。

実際に化学調味料が原因であったかどうかは私にはわかりません。

ただ、龍口酒家では、料理をつくるうえで化学調味料に頼ることはしないようにしています。それはなによりも、どんな素材・調理法であってもそれを使えば独特の同じ風味になってしまうからです。

これは、私自身の理想とする料理とは異なる。

しかしながら、実際、化学調味料というのはものすごい発明です。あれを使えば簡単に一種の滑らかさを出すことができる。

逆にあれを使わないばっかりに、うちはものすごい苦労をしている（笑）。

たとえば化学調味料を使わずに濃厚なスープのダシを採るためには、本当にとんでもない量の原材料が必要になります。もちろんコストもかかる。そして、ダシだけを採ったあとの食材をそのまま捨ててしまうわけにもいきません。もったいなくてそんなことはできない。

そうなると、それらをすべて美味しくいただくための料理・調理法も必要になります。これは、知識と経験、技術と閃きと工夫が必要になる領域です。

それを考えながら欲しい味を得て、料理店の経営を成立させていくのは本当に大変なことです。

ただこれは、もしかしたら、龍口酒家のように、ある一定のメニューがないからこそ可能なやり方であると言うこともできます。一般的な飲食店のビジネスとして、とにかく安く、特定のメニューを出し続けなければならないという場合、化学調味料を使わないでお店を経営していくためには、皆さんものすごいご苦労をなされていることだろうと想像します。

このことは、食材の値段、社会や産業のあり方、経済のあり方にまで広がる話です。

化学調味料の存在には、いろいろと考えさせられることが多々です。

料理は文字通りに世界のあり方を相手にしている仕事であることを、こういうときにも感じざるを得ないのです。

ともあれ、龍口酒家では、いろいろ苦労と工夫を重ねて天然の調味にこだわっています。

……ただ、いわゆる「味の素」、あれを敢えて活かすという料理法を研究したりもしました。マニアだからね（笑）。

あれもあれでおもしろかったりもするんです。「味の素」、というかグルタミン酸ナトリウムを酒に入れて火を入れると、まろやかさだけが残る。臭みも残らず、大抵の人の舌にとっては美味しいと感じられるだろうと思う。そういうこともできます……まあ、中華料理には食べられないものはありませんから（笑）。

日本の中華料理店と、健康について

繰り返しになりますが、中華料理についての研究を怠ることはできません。単純に、食材についても料理についてもまだまだ知りたいことがたくさん残っているので、勉強しないと追いつかないのです。

そのためにも、休日のたびに勉強のために他のお店で食事をさせていただくわけです。しかしケンカを売るつもりは全くないのですが――本当に美味しい中華料理店なんて、そんなに多くあるのかな？　というのが実感です。

もちろん美味しいところはあります。でも、全体の比率で言ったら、そんなに多くはないんじゃないでしょうか。

これは、中華料理というものの沽券《こけん》にも関わることですよね。私は、中華料理が本当にすごいものだと思って人生を賭けて取り組んじゃっているわけですから。

やっぱり、ひとつひとつの料理を、大事に作ってほしい。

それをお客さんに出して、食べていただいて、お客さんのお金をいただくのですから。

お客さんの健康を考えて、お客さんひとりひとりを大事にしようよ、と。

そうすれば、結果的にお店を長く続けられることにも繋がると思うのです。

うちも、個々のお客さんを大切にしたいと思いながら、本当に長い時間を重ねてきました。

お客さんについて、ふたたび――誰にとっても無理のないお値段で

蒲田で開店して最初の頃ですが、開店してから12時間お店に立っていて、４７００円しか売り上げがないことがあった。あんまりにもがっかりして、忘れられないですね。俺ってこんなにダメなのかな、店もやっていけないかな、と思った。

でも、仕方ないから一週間お店に立っていたら、その週末には３万円の売り上げがあった。それで嬉しくて奥さんに電話したんだよね。「３万円になったよ！」って。これをキープしていけば、小さなお店であれば成立させられる。

そのうちにお客さんがドッと増えて、一日に18万円とかを記録するようになっていった。お店にお客さんがついてくれたということですよね。これは本当にありがたいな思いました。ただそこで、このままでいいのかと思うようにもなりました。

当時は日本もバブルがやってきていて、お金をたくさん使える人が増えていた。

でも、やっぱり、ひとりひとりのお客さんに何度も来ていただくのがスジかなと。誰にとっても無理のないお値段で、何回でも来ていただこうと。料理を作る側としても、その方がチャンスが増えておもしろいわけですしね。

だから、うちは、社長も平社員も、同じものを食べていただくというのがルール。だって、平社員だって、今に社長になるんだからね。みんなで美味しいものを食べたほうがいいと思うん

ですよね。

そうこうしながら、お客さんとは、本当に長いお付き合いをさせてもらっています。今の渋谷幡ヶ谷のお店にも、蒲田の開店当時からずっと来てくれているお客さんがたくさんいます。

開店当時に来てくれていた学生が来てくれたり——もちろん今はおじさんですよ——、東京にいない人からは電話が来て懐かしく話したりね。年賀状も来ますしね。この本も、そういう人へのメッセージになってくれればいいなと思います。

そういえば、漫画家の北見けんいちさんもいらっしゃるな。あの方はもう90歳近いのかな。お元気ですよね。

料理人はなぜ白衣を着ているか——医食同源

みなさんは、どうして料理人が白衣を着ているか、ご存知でしょうか？

他に白衣を着る職業はなにかと考えてみると、お医者さんや看護師さん、理容師さんですよね。単純に汚れが許されない仕事だということもある。

しかし、コック、料理人が白衣を着るのは、なによりも、料理を作ることは、医者や看護師と同様に、人を治すことのできるお仕事だからというのです。

確かに、実際、私自身もそう思います。

料理には、人を治す力がある。

食事によって、人間の健康状態は良くも悪くもなります。日々の元気のあるなしは当然のこと、寿命も大きく変わってきます。

清潔さはもちろんですが、まずなによりも、食事をする人の健康を考えるということですね。

これは私の料理についての考え方の基礎になっています。前にも申し上げましたとおり、料理は身体を養うもの、癒やすものという認識ですね。

これは、始皇帝が不老不死の仙薬を中国全土に求めさせたことと直結しています。私の料理で、少しでも健康に長生きすることを応援できるのであれば、これ以上に嬉しいことはありません。

人間の身体は、全部、その人が食べたものでできあがっています。

だから、良い素材のものを、身体にうまく吸収されるように、食べる。そしてその食べて吸収されたものが、身体の状態と生命に大きな影響を与える。

よく考えれば当たり前すぎるほどに当たり前のことなのですが、現代の日本では、どうも、食と健康の関係がおざなりにされているような気がして仕方ありません。

一般の意識はもちろんですが、食べる人の身体や健康を考える料理人、お医者さんや看護師さんと同様の意識を持った料理人がより多く増えてくれることを祈っています。

食と健康について

子どものころ、富山の薬売りが毎年家に置いていく食べ合わせを示した表が大好きでした。富山の薬売りといっても、もう、知らない人も多いかもしれませんね。

昭和の頃まででしょうか、富山から、全国を行脚して各家庭に薬を売り歩く人たちがいて、一年に一回、常備薬を置いていくんです。そこから使った薬の分を、次の年に精算する。紙風船とか、役者絵とか、いろいろなおまけを一緒に持ってきてくれるのですが、その中に、食べ合わせ表というものがあったんです。

食べ合わせが悪い食べものの例が描いてあって、それにやけに興味があった。有名なのは、ウナギに梅干しですね。スイカと天ぷらとか、サバとスモモとかね。どうしてこれを一緒に食べるとだめなんだろうと考えるのが好きだった。

食べ合わせというものは、今見れば迷信といえる部分もあるのかもしれませんが、それなりには、根拠というか、長年の経験の蓄積があったんだろうとは思いますね。

これは漢方の考え方でもあります。食べものは、もちろん栄養ではありますが、薬でもあるわけだから、逆に、かならず副作用もある。栄養のみならず、副作用までも考えてメニューを構築していくのが、漢方を踏まえた中華料理の考え方です。

食べものによって、身体は良くもなれば、悪くもなる。

近代は、特に日本では、その漢方の考え方が忘れ去られてしまったと言えると思います。今になって西洋料理が漢方を見直そうとしていますが、遅いよなあというのが実感です。

幡ヶ谷に移転してから

１９９７年に、今の幡ヶ谷のお店に移転しました。自宅の近くにいい物件が見つかったので。蒲田では、お客さんも増えていつもパンパンになってしまっていましたし、いただいた名刺も５００枚くらい溜まって、これだけお客さんがいらっしゃるのであれば、もう少し大きくしようかと。それまでは蒲田まで通うのは読書の時間だったのですが、もうちょっと身体を楽にさせて、改めて料理に集中しようかと。

こちらに来てからは、出版社の人がさらに増えた気がしますね。蒲田でも出版関係の方々がたくさんいらしたのですが、幡ヶ谷では新潮社とか文藝春秋の人が多くなったな。記憶に残っている方々がいろいろいらっしゃいますね。

そしてこの頃、株式会社にして、新宿高島屋で龍口酒家としてお惣菜の販売を始めたのです。これはものすごく勉強になりました。なにが勉強になったかというと、食材の表示表をとにかくちゃんと見るようになった。自分たちも表示しないといけなくなったからね。

そうすると、そうか、みんなこんなに添加物を使っているんだなあ、と、びっくりするんですよね。それからは自分の健康に対する意識がさらに高まりました。

そして、自分のお店以外のところで食材を出していくことが、ここまでも大変なことだとも思いませんでした。

いろいろと学ぶことの多い機会でした。

この幡ヶ谷では、蒲田ではできなかったようなダイナミックな料理ができるようになりましたし、改めて、今はこのお店に集中している感じです。

思い起こしてみると、時代の変化が、ある程度はありましたね。お客さんも世代交代していますし。

お金の使い方を知っている、頭のいいお客さんが増えたような、そんな印象があります。たとえば他の外食を5回控えても、うちでその大切な1回の外食をしてくれるような方がいらっしゃる。ありがたいことですし、食に対する意識も高まっているのかなと思うところがあります。

だから、うちは、客層が本当にいいんです。シェフの私はまったくちゃんとしていないのに、お客さんはちゃんとしていて、びっくりする（笑）。子ども連れのお客さんもやけに皆さんしっかりしている。レベルが高いんだよね。お店に面倒をかけることもない。

こうなると、料理人としての私も、まったく気を抜くことができない。困ったなあという気もするけど、望むところだという気もしています。

これからの龍口酒家は？

コロナ禍を経て、色々なことがありました。もちろん大変なこともあったのですが、お客さんはやっぱりずっと来てくださっていて、本当にありがたい限りです。

料理というものがおもしろくて、中華料理の深さは果てしがなくて、料理人の仕事が楽しくて仕方がないというのが正直なところです。やめられない。となると、長生きするしかないんですよね。

そして一方で、これからは、今までの経験と研究を活かした、より専門的な料理に取り組んでいきたいという気持ちもあります。

これまでにいらしてくださったお客さん方、世界の食材ネットワークとともに、改めて、新しい龍口酒家の料理を究めていくことができればと思っています。

第二章　材

——中華料理に不可能な食材はない

中国人は机と飛行機だけは食べない?――いや、食べます

ここからは、龍口酒家の料理、そして中華料理全般について、いろいろと語っていきたいと思います。

まずは、食材について話しましょう。

私たちが「なに」を調理して食べているのか、ということですね。

食材には、基本的に、動物/植物といった大きな区別があります。そして動物であればいわゆる哺乳類、鳥類、魚類といった区別、さらに乳製品もありますね。また植物であれば、野菜類、穀物類……といった区別があります。

中華料理には、ありとあらゆる食材が使われます。あらゆる食材が「ある」というよりも、自然にあるものをなんでも調理して食べる、すべてを食材に「してしまう」という方が正確かもしれません。

中国では、あれだけの人口が、あれだけ長い間食べ続けるために、本当にあらゆるものを食べる必要があったのかもしれません。

俗に、「中国人は四本足のものは机以外なんでも食べる。空を飛ぶものは飛行機以外なんでも食べる」と言います。つまり、木や鉄でできたものは食べないけれど、それ以外はなんでも食べる、と。

しかし、です。

木は、若木のときは食べられます。また、木を薄く削り出して出汁を取る料理法もあります。

そして、鍋から鉄分を移すことを計算に入れた料理もある。

よって、彼らは木でも飛行機でも、食べる（笑）。

もちろん私もそれに倣って——というわけではないのですが、料理を始めたころから、どんな素材でも調理して食べることを試みてきました。そして、新しい食材への取り組みに熱中してきました。

変態中華と呼ばれて——地球は美味しい！

先にも申し上げましたが、新しい食材と新しい料理に熱中しすぎて、龍口酒家はいつ頃からか「変態中華」とまで呼ばれるようになってしまいました。ものすごいあだ名だと思いますが、いろいろなお客さんが、私の新たな食材との取り組みをおもしろがってくれて、一緒に楽しんでくださった結果の名誉ある称号だと思っています（笑）。

実際、本当にどんな食材でも一から研究して取り組んで、お客さんと一緒に楽しんできたと思います。

私自身の食材についての考え方は、〝地球は美味しい〟というものです。

地球上に人類が生き物として生きている以上、本当に食べられないというものはないのではないか。

すべてに、意味があるのではないか。

食の欲、好奇心の欲――中国人に負けられない

私は自分の欲が深いことを自覚しています。

生きることの欲はもちろんですが、新たな素材を食べることについての欲、新たな食材を料理することの欲も、とても、本当に深い。

いつでも新しい、初めてのものを探して食べてみたい。自分でそれらを見て、触って、匂いを嗅いで、音を聞いて、味を見て、新しい料理を作りたい。新しい食材が手に入ると、いつでも鼻歌交じり、気持ちはワクワクです。

というわけで、ここで、私がこれまでどんなものを料理してきたかについて少し紹介します。

私は日本人ですが、その点、中国人にまったく負けていないと思います（笑）。

石橋幸シェフが取り組んできた食材あれこれ

オオサンショウウオ

忘れられない食材のひとつです。日本で生きているものは天然記念物なので食べちゃいけないのですが、中国では、特別の料理人のためだけに養殖のオオサンショウウオを出してくれます。それを現地の友人に紹介してもらって調理してみました。中国では1キロ400元、日本円でだいたい9000円くらいだったかな。

蒸したり、炒めたりして、本当に絶品です。スープも食べてみたけれど、炒めが、香りも食感も柔らかくて一番かと思います。全部が軟骨で、スッポンよりもやわらかいので、全身どこでも食べられちゃう。

食感はナマズに近いんだけど、ナマズよりも少し歯ごたえがある。

ナマズといっても、元々のニホンナマズに近いものがありますね。

今、普通にナマズというと、たとえば茨城とかでも西洋ナマズが出てきてしまうんですが、日本の本来のナマズはちょっと違うんです。頭が大きくて、身は少ないけれど、スープにするとすごく美味しい。

オオサンショウウオの味はそのナマズと同じ傾向で、味も仲間。料理をして、食べていると、

オオサンショウウオ

オオサンショウウオの蒸し

なんというか、生物学がわかってくる感じがあります（笑）。醤油味が良かったですね。

一度、京都の鴨川に中国産のオオサンショウウオがなぜか大量発生したことがあって、それが報道されたんです。中国のオオサンショウウオは日本産のオオサンショウウオより動きが早くて、日本産のものの餌を取っちゃうんですって。

だから日本の自治体が中国産のものを生け捕りして、その処置に困っていると。その報道を見て、すぐに京都市役所にそのオオサンショウウオをこちらで引き取ることができないかと電話したんですけれど、管轄の問題で無理だと言われちゃいました（笑）。でも、本当に、もしも手に入るのなら、ぜひきちんと取り組んでみたい食材のひとつです。

ヤマアラシ

中国に行ったときにたまたま捕れて現地で調理したのですが、これはアミノ酸が多いんです。その強さと旨味を活かす料理法が合う。煮込んでスープにするといい出汁・味が出るし、煮込みをそのまま食べても美味しい。上の皮が厚くて硬いので、三、四時間くらい煮て柔らかくしました。蒸してもいい味が出ます。コラーゲンがたくさん取れます。

センザンコウ

今では中国でも捕獲が禁止されている食材なんだけれども、昔、中国現地で手に入ったことがありました。どうもベトナムの方から来るらしい。2020年のコロナウイルスパンデミックの媒介役になったと言われていて評判が悪いんですが、実際は美味しくて有名で、現地でも密かに食べられているみたいですね。煮込んでスープにして、同時に蒸して食べました。これも旨味が濃くて本当に美味しい。美味しいから食べられちゃうわけで、それで数が少なくなって、禁止されちゃう。難しいですよね（笑）。

センザンコウ

ヘビいろいろ

ヘビはうちではポピュラーな食材の部類に入るかもしれませんね。蔵前に「蛇善」、上野に「文久堂」という蛇屋の老舗があって、そこから仕入れることが多いです。

そういうところにヘビを買いに行くと、店頭でヘビ肉ハンバーグを焼いていて、おじいさんたちがそれを待って立って並んでいるんです。

「お、お兄ちゃんもヘビを買いに来たね?」みたいに言われたりしてね。

ヘビの生き血も飲めます。

生き血はポートワインみたいな甘いお酒で割るのですが、ものすごく飲みやすい。飲んだあとはポワンという明るい気持ちになって、ただの酒酔いとは違う、ヘビ酔いが味わえます。

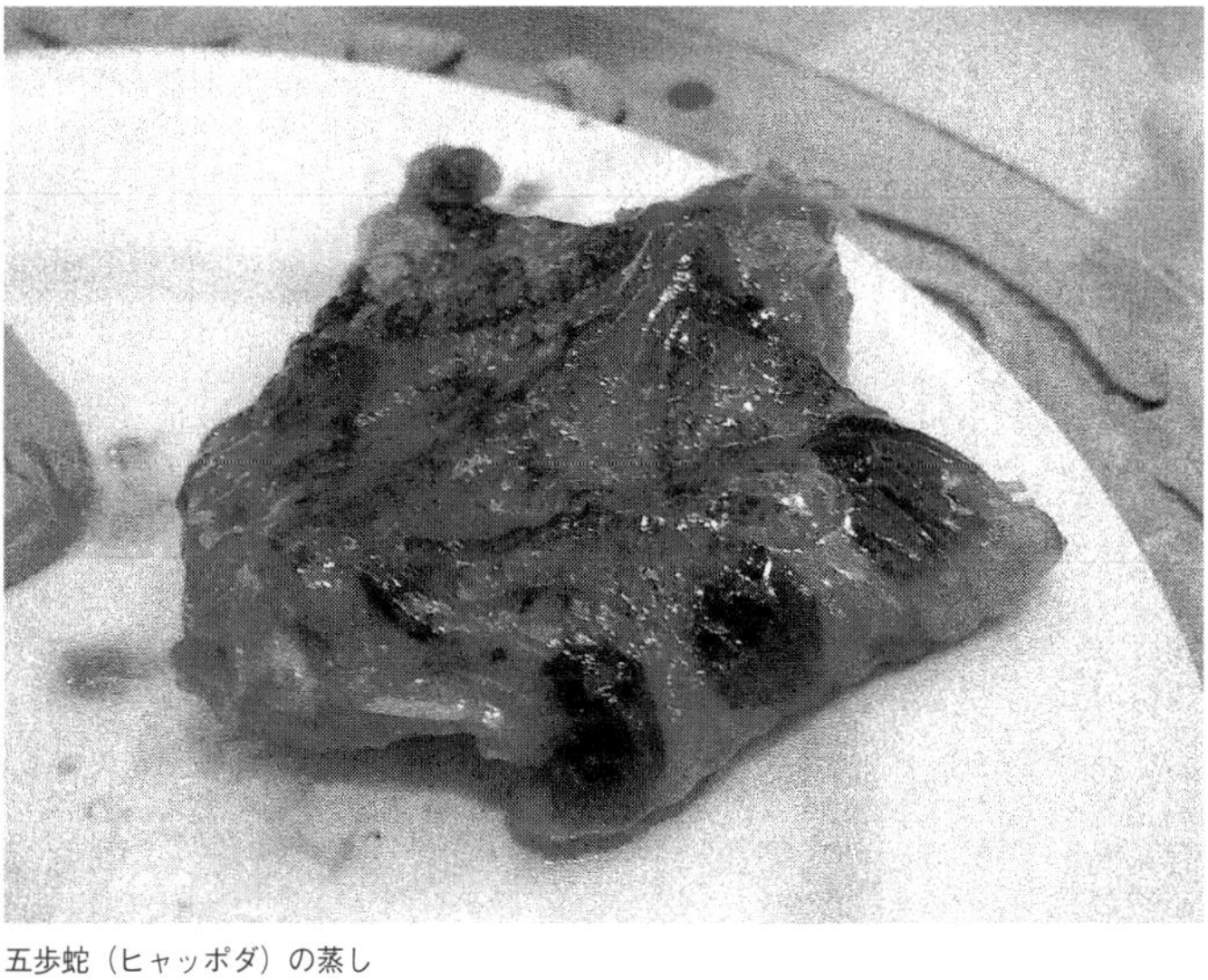

五歩蛇(ヒャッポダ)の蒸し

蛇善さんは明治十七年、1884年創業。文久堂さんは文久二年、1862年創業です。だから、中国人はもちろんですが、日本人も昔から長く蛇を食べてきたんですよね。

ヘビはどちらかというと薬としての役割が知られていると思いますが、実際、味も大変に美味しい食材です。黒焼き、蒸し焼きも美味しいし、私はスープにも使います。秘密の健康スープですね。

調理は、トグロを巻いているような立派なヘビでも、時間をかけて煮込めば柔らかくなって、骨と身がバラバラになります。

シマヘビが一番調理がしやすくて美味しいかな。筋肉質で硬いんだけど、2時間あれば大丈夫。ときどき煮込みすぎて失敗するんですが、肉質を見ながら……1時間だとまだ硬いですね。

マムシはうろこが硬くて、三枚に下ろせないんです。だから、基本的には黒焼きかな。マムシは他の蛇と違って、卵を産むんじゃなくて、お腹の中で孵化《ふか》した仔ヘビを産みます。種類が違うんでしょうね。冬にヘビを頼むと、ハブしか届きません。というのは、ハブは冬眠しないからで、これも風土と生き物の関係ですね。

サル

サルの肉はクセがなくて、鉄分が多いのです。それを活かすために炒めにすると、香ばしさが出て大変に美味しい。煮込みにしても、鉄分が感じられます。小さな怪我をしちゃったときに血を舐めると鉄っぽい味がしますよね。あれに似ています。だからきっと……人間も同じ味がするんだろうなあと思っています。

イノシシ

脂に旨味があって、甘みのある食材です。この甘味をどのように料理するかが文字通りに腕の見せどころ。今はだんだんポピュラーな食材になってきているかもしれませんね。でも、一度、巨大なイノシシが一頭そのまま入荷したときは大きさにびっくりしたな。

子豚の胎児

これは蒲田に店があるときは、よく入荷していました。お店のカウンターの上にズラッと並べていたのを覚えている方々もいらっしゃるかもしれません。今は徐々に入手が難しくなってきていて、入荷しているときはラッキーかも。焼き物にしても煮込みにしても、絶品です。これは誰でも美味しいと思える味なんじゃないかな。

ワニ

一時期流行って、楽に入手できたことがありました。肉質は鶏肉に似ています。なので、鶏と同様の扱いで料理をしています。硬くなりやすいので、そうならないように温度とか焼き具合に少し気をつける必要があります。

カンガルー

大人のカンガルーの筋肉は大変に固いので、工夫が要ります。炒めでは無理。よって、煮込みですね。カンガルーは臭いも強いので、カレー粉を使った料理が美味い。ぜひ食べていただきたいですね。

カンガルーの煮込み

牛の脚

韓国や中国ではよく食べますが、日本ではなかなか手に入りづらい食材です。四川料理に有名な牛の脚料理があるのですが、それを再現してくれないかという依頼を受けて、それでツテを辿って入手して調理してみました。半煮込みと半蒸しで、美味しかったですよ。豚の脚は手に入るんだけど、牛の脚はなかなかない。こういうところにも、歴史とか社会が見えますよね。

魚の浮き袋

自分で買うのはなかなか大変なんですが、たまに手に入ると、フカヒレと一緒に煮込んで食べると大変に美味しい。

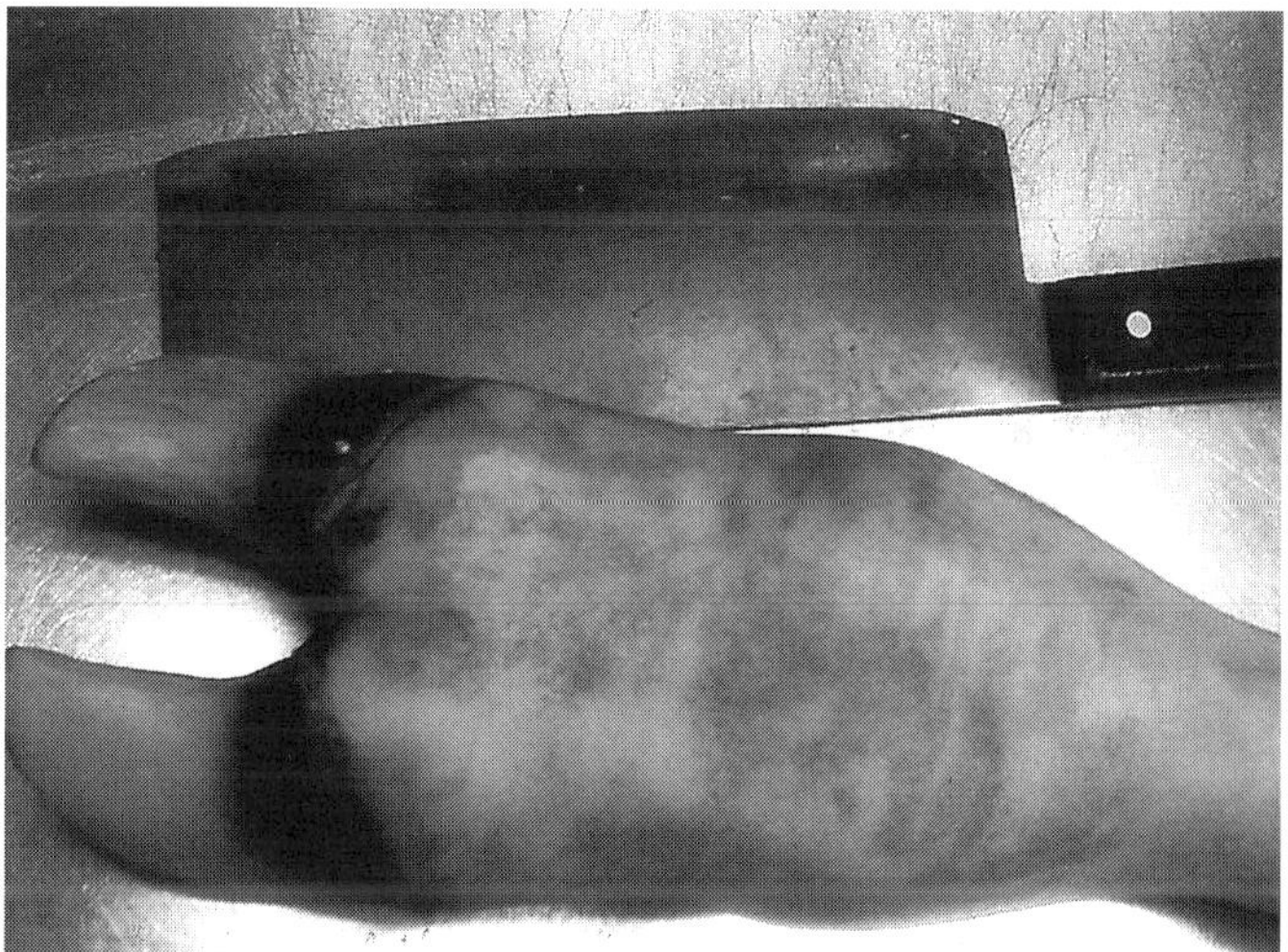

牛の脚

鹿のアキレス腱

これもなかなか手に入らなくなったな。魚の浮き袋同様、フカヒレと一緒に煮込んで調理して食べるのがお勧めです。

鶏のトサカ

炒めるとコリコリします。煮込み風にもします。でも最近はなかなか手に入りません。

鶏の脚

脚と言っても、腿肉ではなくて、爪がある方の脚です。少し薬味を利かせながら煮込んで、爪と骨を外しながらゼラチン質の部分を食べます。美味しいですよ。

アヒルのタン

これは蒸し物や、煮込みにして食べます。前菜で出しましたね。軟骨の周りの肉の部分をかじりながら食べます。味付けは塩味。

アヒルの水かき

これも最近なかなか手に入らないのですが、他の食材と一緒に和えものにします。

ラクダのコブ

ラクダは中国でも何度か食べたのですが、脂が強烈に臭う。それを取るためにまずは細切りにして、さっと茹でて脂を抜く。そうして臭いを消してから炒めます。脂は落ちているので、繊維を食べる感じですね。

ラクダの脚

これは本当に臭いがすごい。最初に料理してみたときには、マネージャーが「虎の檻の前の臭いがおにぎりに詰まったような味」と言っていました（笑）。伝わりますでしょうか。強烈ですよね。ものすごい食材ですが、香料を使って、蒸して蒸汁を捨てて、茹でこぼしながら煮込んで脂を抜いて、美味しく食べられる部分を残していく感じです。

クマの掌

熊の掌は、クマの種類、年齢、大きさによって調理法がまったく変わってきます。これは経験を積んでいかないとわからないかもしれません。

ヒグマは、クマ自体の大きさにもよるのですが、3歳以上のヒグマの手となると、一晩に2時間茹でて、それを3回繰り返します。クマの掌は繊維が中に入っているから、それを選り分けるのが少し大変。ものすごい剛毛だしね。干し鮑、干貝などと一緒に蒸して食べます。

クマは、お客さんにマタギの人がいるから、持ちこまれちゃうんですよね。このクマ料理して！　と気軽に。もちろん喜んで料理します。何度か失敗したりしつつ、経験を重ねて

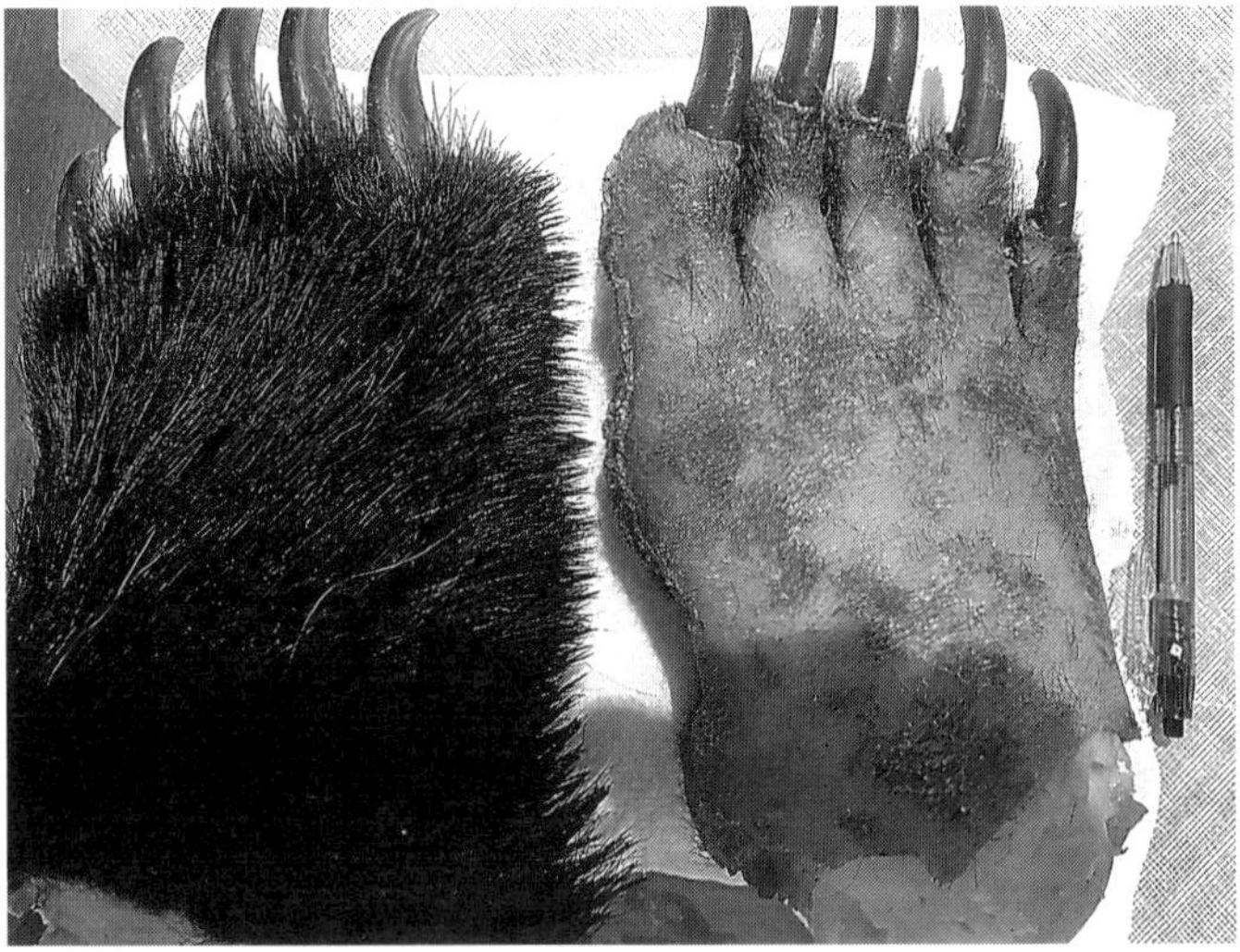

クマの掌

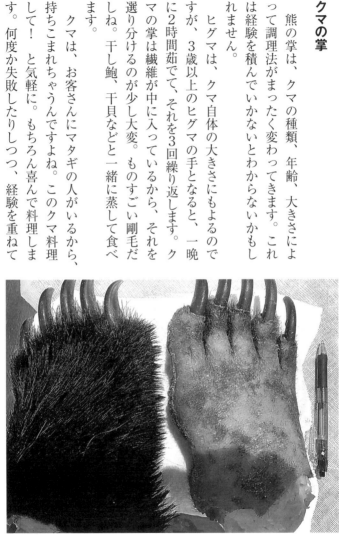

きた感じです。なんだか本当に実験場みたいでね（笑）。でも、最終的には絶対に美味しくなりますよ。

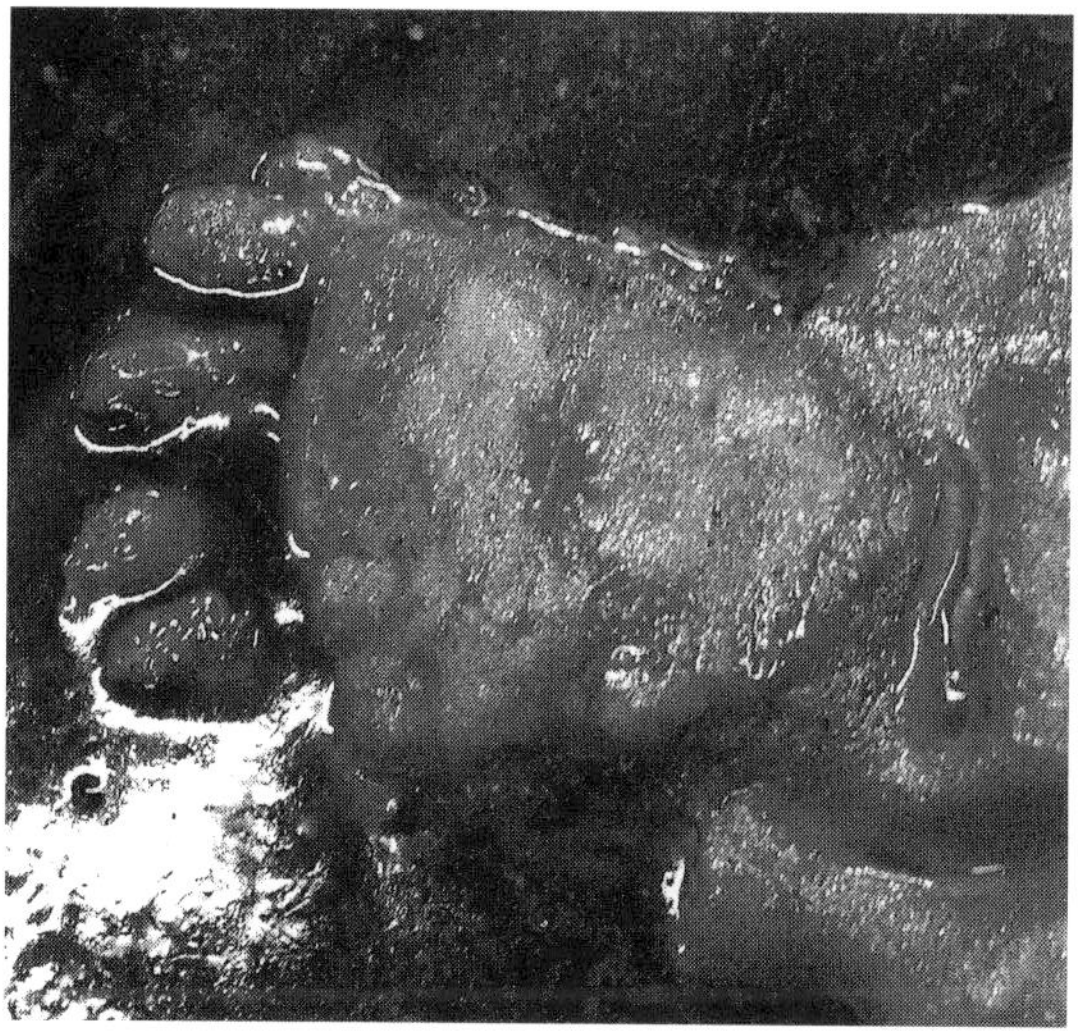

クマの掌の煮込み

クマの掌-アワビの汁煮

蟻

蟻は、主に白酒に入れて飲んでいただいています。朝鮮人参を食べさせて育てた蟻で、これは、体温を上げる特効薬。身体の弱っているところに、強いアルコールの力を使って蟻の持つ蟻酸《ぎさん》とよばれる成分を一気に届けます。ぜひ試していただきたいですね。

カブトガニ

昔は日本でも食べていたらしいですね。今は天然記念物なので、食べることはできません。これは調理したことはありませんが、昔、中国の紹興の近くで食べたことがあります。中がスポンジ状で、ダシが出るみたいですね。そのダシを、ブツ切りにしたスポンジの身に吸わせて、それをかじったり吸ったりする感じ。でも、カブトガニの脚は出てこなかったんです。やっぱり普通のカニのように美味しく食べられるんじゃないかと思ったんですが。

その後、お客さんに聞いた話では、福建省のアモイにいくと、養殖の大きなカブトガニが海鮮料理屋で普通に食べられて、ミソも肉も美味しいそうです。いつかチャンスがあったら、調理してみたいですね。

石橋シェフの語る一番の珍味は？

ヤマネコ

これも中国で食べました。野猫《ノネコ》です。皮が薄くて、身が赤い。蒸し物にしてそのまま出てきて、皮も一緒に食べたけど、身はダシの蒸し方が良くて美味しかったですね。ダシのとり方にコツがありそうな感じです。あれは珍味だったな。ちなみに、ネコは夏の食材だそうです。身体を冷やすんですね。一方でイヌは冬の食材です。こちらは身体を温める。

タケネズミ

コメしか食べないネズミです。猫より少し小さいくらいのネズミで、まあ、こんなものかなという感じ（笑）。最初にネズミと聞いて

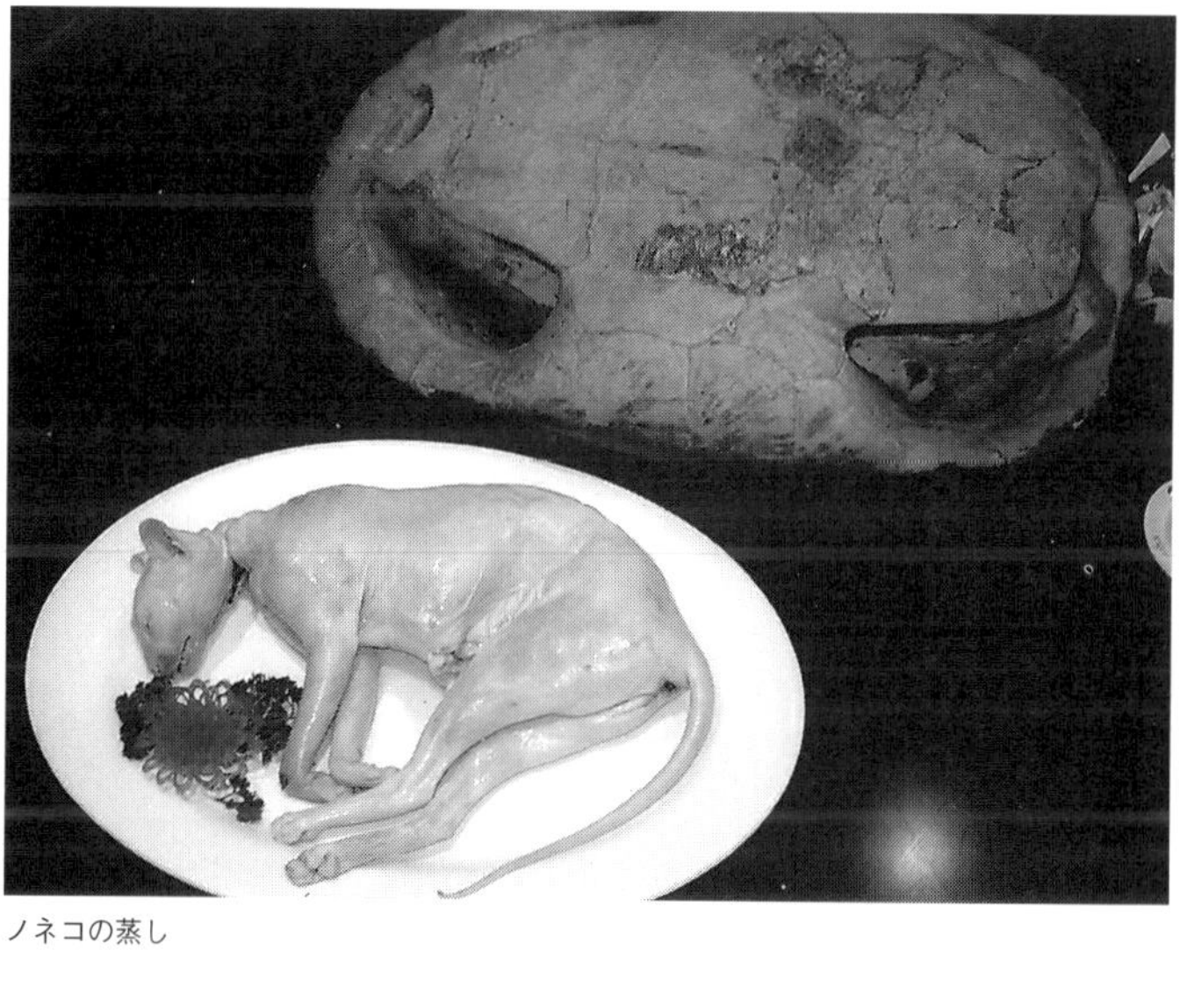

ノネコの蒸し

しまったからかな、作り方が普通だったのかな。私だったら、どう調理するかな（笑）。

他に、今までに経験した貴重な食材を挙げてみると……ハリネズミ、四川省の山にいる陸亀、ラバ、五歩蛇《ひゃっぽだ》、ハクビシン等があります。

もちろん、こういう貴重な食材はいつも龍口酒家にあるわけではありません。しかしながら研究と情報収集はいつでも怠っておりませんので、ご興味のある方はいつでも石橋までお電話をいただければ幸いです。

タケネズミの蒸し

食材を見て、料理法を考える——打率は八割

新しい食材に取り組み、美味しさを引き出し、新しい料理を作り出すことが、料理人／コックとしての私にとって、最も大きな楽しみのひとつです。

まだ経験していない新たな食材が手元に届くと、それをどう料理してどういう味に仕上げるか、ずっと考え続けています。

長年の歴史と料理の文化の積み重ねによって、基本的に、人間の味覚というものはほぼ解明されています。先にも少し触れましたが、料理人にとって、口だけで「美味しい」と感じさせることは比較的簡単です。しかし、本当に身体全体で美味しいと感じていただくことはなかなか難しい。

私の場合、新たな食材も、口の美味しさや見た目の美しさと同時に、食べてから、内臓で、そして身体全体で「美味しい」と感じていただくことを目標にしています。

そのためには、まずは食材自体の性格を見ることが大切です。

食材自体の風味はどうか？

どんな成分が含まれるのか？

固さ、柔らかさ、繊維の量などはどうか？

加熱によってどう変化しそうか？

これまでに試したことのないそれらの食材を、長年の経験と照らし合わせつつ、いろいろ試しつつ、お客さんに喜んでいただけるような料理方法を考えていきます。

そしてそれらが実際に美味しくなってくるのが本当に楽しい。

基本的には素材のいちばんいい部分を引き出すことを心がけつつ、まずは普通に口で「美味しい」と思えるような薄味に仕上げるのが石橋流です。

でも、本当に私にとっても初めての食材も多いですから、もちろん失敗もあります。あっと言わされるような、予測もしていなかった変化をする食材、熱によって突然味が変わる食材、いろいろとあります。事前に大体予測していた味になるものもあるし、それ以上になるものもあるし、ダメなときもある。

打率は……そうですね、八割かな。

私自身にとっても新しい素材の味を、ぜひ一緒にお試しいただければ嬉しく思います。

完成をイメージしてつくるのか、素材が先か——料理はジャズ

完成形の味をイメージすることはもちろんありますが、しかし、ある設計図にこだわるということはありません。

最初にも書きましたが、食材の性格を見てあれこれ実験しながら、これはどのような調理に

しようか、味付けにしようかを考えて、料理を完成させていきます。

だから、味のイメージが先か、素材が先かと問われれば、同時としか言いようがないですね。

一緒に働いているスタッフが「どう仕上げますか？」と訊ねてきても、「まだ決めていない」と答えることも多々あります。

とは言っても、もちろん料理は時間の勝負でもあります。

そして後戻りもできない。

ほんのちょっとの火の通し具合の違いで料理はまったく変わってくる。

それでも、お客さんに出す直前になっても、まだ完成形が決まっていないことも本当によくあるのです。

材料といろいろな調理法を種々組み合わせつつ、よし、今回はこんな感じ、こんな味はどうかな？　と考えつつ、全体的な仕上げを考えていく。

だから、私の料理はジャズの演奏に本当に近い。

自分でも、どこに向かっているのかはわかっていないのです。龍口酒家の料理は、食材によって、その日の気温や湿度、季節によって、そしてその時の気分によってまったく変わる。

料理は、食材、諸条件とのセッションのようなものです。

そういう意味で、私の料理にはレシピは存在しないのです。

龍口酒家の食材の秘密

私の店には珍しい食材がたくさんあって、それを目当てに来てくださるお客さんも相当数いらっしゃるわけですが、その食材は、日本全国と世界の様々なネットワークを使って仕入れているものです。

こういうものが食べたいとか調理したいと思いついて材料屋さんに問い合わせることもありますし、材料屋さんの側から、こういう珍しい食材が届きましたよとお知らせを受けることもある。

私はそういうものを折りに触れて買い集めていて、徹底的にコレクションしています。

じつは、なんでもあります（笑）。

先日も、ラクダのコブを全部お客さんに出しちゃって、ついにラクダのストックもなくなっちゃったと思って寂しくなっていたのですが、いろいろ声を掛けて探してみたら、きちんとラクダのコブを持っている材料屋さんが見つかりました。

だから、あまり知られてはいないのですが、日本に入っている食材の種類には、本当はなかなかすごいものがあるのです。

食べられないものが食べられるお店

でも、食材の仕入れには、時代や場所など、いろいろな兼ね合いがあるのも事実です。経済と社会の状況が反映されますね。

じつは蒲田にお店があった頃は、今よりも珍しい食材が手に入りやすかったのです。たとえば肉であっても、こういうものが欲しいと卸屋さんに言うと、本当に2日くらいでなんでもすぐに手に入るような環境があった。

そうなると、そういう珍しい肉を食べたいお客さんがたくさんやってくる（笑）。そうするとこちらも、じゃあ、こういう部位はどうかな、こういう肉も美味しいんじゃないかなと卸屋さんに聞いて、さらにまた珍しい肉を探す。好循環ですよね。ほかでは食べられないものが食べられる店という信頼を得ることができました。

そのときに、あまり日本では食べられていない食材を手に入れるネットワークと、そういうものが好きなお客さんとのいい関係性を作ることができた気がしています。私自身、あらゆる素材に触れて、いろいろなお客さんの話を聞いて、ものすごく勉強になりました。

幡ヶ谷に移ってからは、時代が変わったこともあって、そこまで変わったものが卸屋さんからガンガン手に入るわけではないのですが、それでも、食材の日本／世界中のネットワークは毎日拡大しています。世界中から届く新たな食材と取り組む毎日です。

情報と技術・研究の場としての龍口酒家

ですから、もしかしたら龍口酒家は、本当に、対話の場を超えて、食材と料理研究の場になりつつあるのかなと考えることもあります。

そもそも、じつは古来、料理人／料理店とはそういう存在だったはずなのです。自分で食材を徹底的に研究して、美味しかったら、お客さんに料理を出すことができるような人／場所ですね。

この食材はどうすれば手に入るのか？

この食材はどうすれば美味しくなるのか？

こういう調理方法はどうか？

その情報を共有して、次世代に伝達する。この研究に終わりはありません。

料理というものは、情報の集積であり、経済・産業の集積であり、さらに、文化の粋でもあります。

そのために、中国では、古くから料理人は大変に大切にされてきました。

今後、龍口酒家をもっと料理一般の研究所のようにすることができればおもしろいですね。

そこから生まれる新たな味をお客さんとともに美味しく共有することができれば、料理人としてこれ以上に幸せなことはありません。

コック／料理人の領域──「命をいただく」ということ

子どものころから動物や生き物が好きだったこともあって、食と命についてはよく考えます。われわれコック、料理人は、原則として、食材を調理して、料理にして、お客さんにいただいてもらうのが仕事です。

もちろん、料理人として生命を「いただく」ようにするわけですが、われわれ自身が動物の命をいただくということはほとんどない。

やはり、生きている動物の生体と食材の間には大きな違いがあります。

ここにはちょっと深い谷がある気がしています。

ともかく死んでいる動物であれば、私は、皮を剥いで、素材の傾向を見て、いろいろと調理方法を考えてきちんと料理にしてあげられる。初めて出会った素材であっても、なんとか美味しく料理にできる自信はある。

でも、私自身が生きている動物の命を直接「いただく」のは、基本的には無理ですね。この違いはいったいどういうことなのでしょうか。

時々深く考え込みながら、お客さんにも「いただきます」と言っていただいています。自分でも、食事のときに言いますよね。

料理は、改めて、命を「活かして」「いただく」ものなのかもしれません。

食材の選び方——とにかく毒のないものを！

ここで龍口酒家の食材の選び方の基本についてお話ししておきます。

私の食材選びは、基本的に、身体に悪いものを含まない、自然の食材を選ぶというものです。

これはもう単純に、毒のないもの、自然のものは栄養も多くて、その分、味も濃厚で、いいことが多いですから。

そういう食材はどう料理しても素材の味が強く残るので、「美味しい」ものにしやすいのです。

例えば野菜を洗って砂を落とすときも、私は根を乱暴に切ってしまうようなことはありません。もったいなくてできない。野菜の根の部分には、一番いい栄養が残っていますから。そしてさらに、野菜の切り口からは栄養がどんどん流れ出てしまいます。だから、野菜本来の力を活かすためにも、必要以上に洗いすぎないように注意する。

そのためにも低農薬野菜を使用しています。最低限の、一度しか農薬を使わないものですね。

私には、農薬は身体に溜まるように思えて仕方がないのです。

例えば昔はこんなにガン患者はいませんでしたよね。昔は5人に1人だったものが、今では2人に1人がガンになる。

もちろん現代社会の増大するストレスなど、様々な要因があるとは思いますが、農薬も食品添加物も少ないに越したことはないというのが私の立場です。

だから食材の選び方、食材をどう仕入れるかが、じつはものすごく大切になる。人間の身体は食べたものでできているわけですから、気を遣った分、それだけ健康には影響が出るのが当然の話かと思います。

これは一般のご家庭でも同じことだろうと思います。

食は命・身体・健康の源であるということ、これを声を大にして伝えていきたいですね。

食材の下ごしらえ

食材の下ごしらえは、基本的には生の素材から自分たちでやるようにしています。加工品を買うことはほとんどない。缶詰はまず使わないし、マヨネーズやソースといったものも含めて全部自分たちで一から作る。

ホタテとか、干すものについても自分で生の状態から干します。干していって、乾き具合がいい感じになるまで、じっくりと根気よく待つ。

理由は単純に、自分たちでやれば味の変化もコントロールできるし、なにか変なものが入ったりするようなことがないからですね。きちんとやろうと思うと、すべてを自分たちでやるしかないのです。面倒で大変なのは事実なんですけれども。

でも、大変だからこそおもしろい。こんな細かいこと、こんなに手間がかかること、今どき私らくらいしかやってないだろうなあと思いながら、すべてを最初から作っています。

中華料理における素材の扱い方について

食材の扱い方について考えてみると、中華料理における食材への理解の深さは、ちょっとケタが違うと思わされるところがありますね。

繊細さも複雑さも、そして豪快さも、どこの料理法よりも一枚上手と言えるんじゃないかな。

特に、生の食材の扱いは繊細極まりない。

例えばクラゲ、ナマコ、フカヒレといった味のない薄味の食材を組み合わせて味を作っていくことが多々ありますが、すべての素材をきちんと活かさないと、最後の味がしっかりとしたものにはならない。

そのためにはそれぞれの食材の味はもちろん、性格、変化の仕方を全部習得して、細かく調整していかないといけません。

その上で、あの豪華な味／もしくは強い味へと仕上げる。

これはやっぱりものすごく難しくて、おもしろくて、やりがいがあることです。

これは中華料理には決まったレシピがないこととも関係しますが、そもそも食材の見方／考え方が違うというか、食材から料理を作り上げることについての意識が他の料理とはまったく違うんじゃないかなと思わされています。やはり、日々、勉強ですね。

中国現地での食材探し

中国に行くたびに、現地の材料探しを見学しています。

中国では手に入らない食材はないと言っていいくらいで、専門の人が本気で食材を探せばなんでも見つかります。

なにか探している食材があれば、その専門の人が中国全国に電話をかけて、2週間くらいかけてなんでも揃えちゃう。

こんなに珍しい食材も、こんなに貴重な漢方薬も、こんなふうに揃ってくるものなんだなと感心させられたことがありますね。

食に対する情熱の強さと、それに応じることのできる社会の懐の深さ、強さのようなものを感じます。

食の歴史の深さと言ってもいいのかもしれません。

中華料理に、人間と食の根源を見る

実際、中国人は今でもそうなんだけれど、人間は、そもそも、本当になんでも食べて生きてきたんだろうと思うのです。そしてそうじゃなければ生きてこられなかったという苛酷な現実がある。

その過程で、地球／自然／生命をどのように美味しく食べるかという知識と技術が発展して、深化して、受け継がれてきた。

しかし、近代になって社会・経済が一定の方向に変わってくる中で、特に日本では、料理に使われる素材が徐々に狭まってきたところがある。

食べものも、歴史と社会のあり方とともにあります。

私の店では、そのことを意識しながら、これまでの中華料理の長い歴史と伝統をベースに、バランスよく、美味しく、色々と珍しいものを食べさせてあげたいなと思っています。

こういう食材もあるんだよ、それがこういう味になるんだよ、と。

人間の食の歴史って深いんだよ、そして、地球って美味しいんだよ、と。

食の世界の広さに気づいていただけると、嬉しいですね。

第三章　火

——火は自然を食べものに変える

火が料理の基本——自然を食べものにする

火による加熱は、文字通り料理の基本です。

火を入れることによって、われわれ人類は、ただの食材——いや、食材以前の生の自然を、生きるために必要な食べものに変えることができます。

火によって、私たちは自然の毒を消し、その味を快くし、香りを出し、栄養を守り、ときには増幅・活性化させて人間の身体に吸収されやすいよう変化させることができる。

さらに、火は人類の食についての本能を呼び覚ますことができます。

熱や湯気によって、またそれを見ることによって私たちが食欲をそそられるのは、それが人間が生きること、人間の営みの根本になるものだからかな、と考えています。

食欲が継続することによって、さらに人間の命は養われるはずです。

例えば日本料理には、刺身のように、熱を使わない料理も存在します。

しかし中華料理では、必ず油やお湯で熱を食材に加え、処理して料理を作ります。

中華料理は温度に大変意識的な料理です。

料理も身体も温度が大事

火と、それによって変化する温度は、料理にとってはもちろん、われわれの身体にとっても最も重要なものです。じつは、身体に入れるものは、熱すぎても、冷たすぎても健康にはよくない。

中国ではぬるい白湯を食前に飲みますね。あれは理にかなっていると思います。

食材にとっても同じことで、適切な火入れは、食材の栄養を守り、その栄養と味を活性化し、身体に栄養が吸収されやすいようにするのです。

火は、使い方によって、食材を甘くも、塩辛くすることも、苦みを出すこともできます。

中華料理の火入れには、おもしろさと同時に合理性があります。

いかに栄養を守るか——栄養を守るための火入れとは

熱すぎてバチバチ、ジュージューと音が聞こえてくるような料理が多々あります。それはそれで、もちろんいい料理、美味しい料理がたくさんあります。しかし、過剰な火入れと加熱によって食材の栄養を壊してしまっては元も子もない。

少なくとも私にとっての中華料理は養いですから、単に刺激的なだけの料理を提供するようなことはしたくない。

それゆえに、私はどうしても料理の温度には過敏なくらいに気を使ってしまいます。

たとえば肉の場合には、アミノ酸とその旨味を最も大きく引き出せる温度と火具合というものがあります。さらに炒めと焼き、蒸しでそれぞれ変わります。

野菜にも、それぞれの野菜の一番の個性と特性、栄養を引き出せる大体の温度と火具合が存在しています。

それは調理人にとっては、沢山経験を重ねて身につけていかなければならない、絶対に必要な技術です。そして、天性というか、身体の感覚としかいいようのない部分もあります。

その素材それぞれの旨味と栄養分を最も大きく引き出すことを考え、その食材への火の入れ方／順番を考え、さらに火具合と余熱の関係を考え、その料理のベストの状態を求めて臨機応変に対応を変えていく必要があります。

繊細極まりない中華料理の火入れ

中華料理の火の入れ方は本当に複雑かつ繊細です。

この火入れの技術は、中国大陸の風土や歴史から必然的に生まれ、発達してきた技術なのだろうと思います。

食材の状況、水、人口、食や料理に手間／人手をどれくらいかけられるかを前提にして、人々が食べ続け、そして皇帝に食事を提供し続けることによって発達した長年の歴史の蓄積は生半可なものではありません。

その中で発達してきた中華料理の調理の場に和食やフレンチを学んできた調理人が入ると、最初は火の使い方が違いすぎて——いや、率直に言うと、火入れ加減のレベルがあまりにも違いすぎて、仕事にはなりません。

才能ある調理人は徐々にそれを身につけていきますが、やはり、大部分は、学んだ基礎のレベルが違うとしか言いようがありません。

中華料理はそれだけ火入れの意識が高く、繊細さが桁違いなのです。

中華料理にはレシピがない

その火入れの意識はどこから来ているのでしょうか？

これは、中華料理にはレシピというものがないということが大きいと思っています。

中華料理のそれぞれの料理、その種類の数は、前にも申し上げた通り、だいたい７０００品と言われています。

単純に、これだけの数を決まったレシピとして覚えることが不可能ということもあるのですが、中華料理の場合、料理の種類とそれぞれの作り方に、ある一定の決まったルール／数値や割合／教科書という意味のレシピが存在していません。

「○○○」と名付けられたひとつの料理は大きな枠組みであって、調理人がそれぞれ違った方法で、その料理にアプローチしていく必要がある。しかし、それぞれ違ったアプローチでありながらも、完成形は確かに「○○○○」でなくてはなりません。

それは、調理人の考え方によって、またそのときの食材や季節、気温、室温の違い等によって、調味の配分や料理の方法を適切に変えていかなければならないということでもあります。

レシピがないということ――それをどう伝えるか

たとえばテレビ番組である料理が紹介されると、そのレシピも表示されますよね。

誰もが、あれを当然と思っていらっしゃる。

じつは私も依頼を受けて、ＮＨＫ「男の食彩」に出演したことがありました。

こうなると当然のように、番組制作の方《かた》に、レシピを事前・収録前に教えて下さいと言われるわけですね。

でも、私の料理にはレシピがない。

だって、その都度その都度、食材の種類も大きさも状態も違うわけです。またその場所の気温と湿度も違って、レンジだって、お店のものとスタジオのものは違います。

さらに、食べる人がどういう人か、どういう顔色をしているかによっても、目標とすべき味は変わってくる。

そうなると、あれを大さじ何杯、これを小さじ何杯、これを何グラム、火を何分間入れて……というように図式化できるものではないわけです。

なので、こちらも当然のように、レシピはないんですよと答える。でもそうすると、番組の方《かた》は困っちゃうわけですね。いや、それだと困るんですと。でも、そう言われても、私ももっと困っちゃう（笑）。

でも、そんな真面目に仕事をしている人を困らせるわけにもいきませんよね。

なので、これは難しいなあ、どうしようかなあと困り果てながら、一所懸命、だいたいこれくらいかな？　とレシピを作ってみました、が、少しだけ、不満が残ってしまいました。

つまり、わかりやすいレシピを作ることがかくも難しいくらいに、中華料理は繊細なものなのです。

食材の違い、気温の違い、湿度の違い――火と味はすべてを感じながら

もう少し詳しく話していきましょう。

食材の違いは、当然ながら、料理の始まりです。

食材の種類の違いはもちろんのことですが、季節、その個別の状態、大きさや出来具合、収穫からの時間……そのときに出会った食材をよく観察して、これから作る料理のできあがりをイメージしながら、火の入れ方を検討しなければなりません。

火の強弱の調節はもちろんのこと、鍋から放したり、鍋から食材を浮かしたところを熱したり、また食材の固さ、柔らかさによっても火の強さと調理法は細かく変わってきます。

さらにその料理をするときの季節、気温、湿度によっても、火具合と味のととのえ方は異なってきます。

たとえ同じ素材であっても、単純に、夏と冬では適切な火具合が微妙に異なってくることはイメージしやすいのではないでしょうか。

というよりも、それを繊細に変えていかないと、季節による人間の側の味覚の変化に対応ができません。

季節によって、人が美味しいと感じられる範囲は変わってくるはずです。

さらに、食べる人の顔色や体型、雰囲気、細かい部分を見れば、その人がどういう味をベス

トと感じるだろうかという想定値も変わってきます。

それらすべての条件を判定し、火具合、味を確定するのはわれわれ料理人の身体と感覚です。だから、われわれ中華料理の調理人は、身体を、五感を研ぎ澄ませておかねばならない――そのためには健康でいなければならない――。

全身の感覚を徹底的に敏感にしておかねばならないのです。

身体はアンテナ――料理人の醍醐味

これは後にも改めて触れることになりますが、人間の身体の感覚は、その人が普段食べているものによって劇的に変化していきます。

料理人たるもの、そのことには、どこまでも意識的であってほしいと思っています。毎日食べるもの――その温度、味、栄養の定着の仕方――による自分の身体と感覚の変化に気づかずして、お客さんにそのことを体感していただくことはできません。

私は自分自身の食事と身体と健康に留意することはもちろんですが、休日には様々な他のお店の料理を食べて勉強と経験を繰り返しています――少し前にもお話しした通り、日本の中華料理に満足したことがほとんどないのも事実で、うわ、これはたくさん食べられないな、という苦い経験をすることも多いのですが。

自分が作ったものではないものを食べて、自分の味覚や身体がどう変化するかを意識するのです。

自分の身体はアンテナです。

このアンテナを整え、限りなく繊細なものとして維持させていく努力は惜しみません。一度劣化してしまったら、取り戻すのは大変ですから。

そしてその自分の研ぎ澄ました身体の感覚に従って、いい食材を使って、火を入れて味をとのえて、お客さんに提供する。

それをお客さんにどう感じてもらえるか？

いまだに、特に初めての食材や料理法の挑戦においては、本当にドキドキとさせられるものです。

そしてそれを「美味しい！」と言っていただけたら、またそういう表情を見ることができたら、私たち料理人は、「やった！　そうでしょ!?」と思う。

それこそが、この仕事の一番の醍醐味でもあります。

煙や炎は酸化です

以前、大きな火を鍋から立てる「火の料理人」と言われるような方々がもてはやされたことがありました。しかし同じ中華料理人としては、本当かな？　不思議だなと思っていたのが正直なところです。

というのは、火が大きく出ることで美味しくなるような素材や料理は、そんなに多く存在しないように思われるのです。

まあ、見栄えはいいというか、たしかに、料理を一所懸命やっているような感じがあって、派手で、わかりやすいですよね。

でも、火や煙が出ることは単純に酸化であって、食材が劣化してしまうと私は思います。私の場合は、鍋に火が入ってしまったら、石油が燃えるのと同じように臭いと感じる。

なので、逆に私自身は、基本的に、火を決して立てないように努力する。火が出たら、なにやってるの、ダメだよと思う。

味と栄養を守るためには、素材に添った適切な火具合というものがあります。

適切な火具合は、食事の意義と身体を守るためには最も大切な基本のひとつです。

火と温度を届ける

火による温度――つまり「温」を、厨房から客席、そしてお客さんの身体にお届けすることが、われわれ調理人の最大の義務なのかもしれません。

そのためにも、私たち調理人としては、お客さんにお出ししたお皿にはすぐに箸を付けていただけると大変に嬉しいものです。

素材への火入れと火具合はもちろん、料理をお皿に盛り付け、その余熱がどう通るかまで計算してお客さんにお出ししていますから――その点、お店にとっては、カウンターからお客さんへお出しする機敏なスタッフの存在も大変重要になります。

口の中の味覚の面でも、栄養を活かして身体に届けるという面においても、温度は料理の根本です。

身体を温めることが健康の基本であることから考えても、味はもちろんのこと、火具合と温度を冷ますことなく直接お客さんにできる限り早く提供することが、最も重要なことだと考えています。

皇帝の食事とその温かさ

古代中国でも状況は同様だったようです。

皇帝は毎日忙しく、飛び回って仕事をしていたので、どこでもいつでも食事を出せるようにする必要があった。いつも専属の調理人がついていて、十分以内に食べものを皇帝に提供できるように、鍋、釜をずっと温めていたそうです。

古代より、食の温かさ、温度が中国では意識されていたことがよくわかるエピソードだと思います。

そこで実際に出される料理としては、作り置きができる点心類が多かったそうで、それらをさっと温めて提供していたのでしょう。その点、点心の基本は今もそう変わっていません。

ちなみに現代中国では温野菜が人気の食材だそうです。北京料理では羊肉のしゃぶしゃぶが人気だそうで、これも身体を温める料理ですね。四川料理ではもちろん唐辛子の炒めや鷹の爪やニンニク、生姜など、こちらも身体を温める料理が多い。

ただ、興味深いことに、中国全体としては、辛いものが苦手な若者が多くなっているそうです。これは、中国の食生活が全体的に豊かになってきたからではないかとも考えています。

強火と弱火――石橋幸の火入れあれこれ

ここでより具体的に、それぞれの料理法による火入れの違いについて、少しだけお話ししてみましょう。

◎炒める料理の場合（特に野菜や葉物）【強火】――焦がすようなことは論外です

食材の量に合わせて油を敷きます。

出汁の出るもの、塩、その他の「味」（「第四章－味について」をご参照）を加えます。私は干し海老を使うことが多いですね。

熱を通す媒体に余計なものはいらないので、スープを入れることはしません。よって、素材を一気に強火で炒める――その火／熱を、鍋と油を通して素材に伝えるわけですが、素材の中心まで火が通るその一瞬前を見切って鍋からお皿に盛り付けます。

油と素材の余熱が、お客さんのテーブルに着くあたりでちょうどいい具合に素材の芯に通るように調整するのがコツです。

◎炒め煮料理の場合（肉や野菜）【始めと最後だけ強火】

油を入れて、強火をかけます。

油が熱される前から硬い野菜と肉を一緒に入れて、加熱し、表面に火を入れます。表面に火が入ったら一度油を切ります（余熱で素材の中に火が通るようにします）。

そこに「味」と、水に溶かした片栗粉をボウルに入れ、それを鍋に入れ、再度強火にして、素材が熱された時点で味をつけます。

片栗粉で素材にそれ以上火が入らないように素材を守りつつ、新たな強火で味を活性化させます。

◎茹で（特に麺類、野菜、肉など）【とにかく栄養を逃がさないようにしたい】

茹ではおもしろい料理法です。

まず、野菜は下手に茹でると栄養が逃げちゃうので、必ず生の部分を残すようにする。

麺はお客さんの食べ具合を見ながら、ほんのちょっとだけ固めにする。お皿がお客さんのところに届いて、さあ食べようとしたときにのびちゃってるのがイヤなので、そのタイミングをできる限り計算する。

茹でた麺はスープを吸うわけだから、どんどん太くなります。麺を洗うときには、その触感がお客さんのところで食べやすい硬さになるよう調整する。洗う時点では麺の中にお湯が残っているわけなので、それを計算して、外から冷やしてちょうどよくなるように締めていくわけですね。

肉の場合は、中まで茹でていきますが、普通に茹でただけでは栄養が抜けてしまいます。なので、その栄養をなるべく残こし、返すようにする。

たとえばラーメン屋のチャーシューは茹ですぎてエキスが外に出ちゃう。だからあれは肉の一種のカスなんです。和食も、肉を茹でて油を落とす料理が多いんですが、一番良い部分をお湯に捨てちゃってる感じがしますね。そのスープはどうするのと訊くと、捨てると言われることが多い。これは本当にもったいないですよね。そう思うと、やっぱり一度油でコーティングして栄養を逃さないようにしたほうがいいのかなと思うこともありますね。

◎蒸し（点心、角煮、鶏の足など）【もっとも計算が立ちやすい】

蒸しは、一種の簡単な物理なんです。角煮も、鶏の足を蒸すときも、そして饅頭や焼売と言った点心も、その他すべて、ほぼもう解明されていると言っていい。

たとえば点心であれば、皮のグラム数、中に入っているものの種類と大きさ、重さによって、蒸しの時間は厳密に決まっています。それをマスターして、頭に入れてしまえばもう大丈夫。その後は形を作る器用さ、手技で勝負していく。結果は見えやすいんです。当たり前なんだけど、同じ重さ大きさで同じ火力だと、必ず同じ味になる。だから私は昔からそんなに点心は好きじゃありませんでした（笑）。

でも、昔は量りも時計もなかったわけですから、大変だったでしょうね。分銅とか砂時計とか、なにかで測っていたんでしょうね。蒸しはとにかく計算です。

◎焼き（叉焼、北京ダック、仔豚の丸焼きなど）【基本的には遠火、でも難しい】

焼きは、実は中華料理の中でも一番難しい調理法です。材料の大きさ、素材の性格によって、適切な火の強さ、時間、火と素材の距離は全部違う。焼いている鍋の中は見られない――見ちゃうと、熱が逃げちゃいますから。だから全て、勘しかない。寸胴鍋に入れるときに、材料を見て、大きさを見て、これくらいならこうなるか、と判断して火を入れていく。焼きは今も全く気が抜けません。味をつけて焼いたり、タレを塗って焼いたり、テクニックもいろいろありますが、それぞれ焼き具合は変わってくる。

基本的には、遠火でじっくりと焼いていきます。たとえば仔豚の丸焼きになると、8時間も焼くことになる。これは目を離せません。大変ですよね。

第四章　味

——身体で美味しいと思える味を

そもそも、味とは？——基本は六種類

ここでは「味」について考えていきましょう。

いわゆる味というものの基本は、五味と言われています。甘味、酸味、塩味、苦味、うま味ですね。

私の場合は、うま味はあまり意識せず、砂糖の甘味、酸味、塩味、焦がした苦味、唐辛子の辛味、それにヒリヒリする辛味——山椒の辛味を加えて六つの味を意識しています。

その六つの味がどう作用し合うかを調整し、口の中の味覚で喜んでいただくのがまずは料理人の腕前と言えるでしょう。

われわれの口の中の感じ方には時間差があります。

まずは塩味と甘味から感じられ、そしてその後、素材そのものの味とほかの味が感じられるようになります。

それぞれの味、素材そのものの味で設計図を作り、さらにそこに火と熱による変化が加わる。

ここに、料理の宇宙がまずひとつ存在しています。

味ってなんだろう

味／味覚というものは、不思議なものでもあります。

生まれながらの味音痴は、じつはどこにもいないと思います。世界中の人間の舌はすべて共通だと思います。

しかし、土地と風土による舌の傾向というものはあるようです。

もともと、生き物としての人間が持っているひとつの味覚が、生まれや育ちの違いで食べているものが変わると、感じ方も変わってくる。もちろん、季節や温度、その人の体調によっても変わってくる。

じつは25歳のときに私は酷い風邪をひいて、一度、味がわからなくなったことがありました。それから少しの間、自信を失って、塩味は一緒に働く人に味見をして確かめてもらっていました。

それは大変な経験で、そのときからは、自分の味覚をどうキープするかについて心を配るようになりました。

全人類の、だいたいの味の基準というものがあります。

ある一定の範囲があって、そこで美味しいものは、だいたいは誰にでも美味しいと思えると考えています。

そして、私自身には、明確な味の範囲というものがあります。これはそう広くはありません。人類共通の範囲と、私自身の味の範囲から考えて、材料はなんであれ、食べていただく方にひとまず「美味しい」と感じていただけるものを作る自信はあります。

口で美味しく感じさせるのは、比較的簡単

さて、ここで「口の中の味覚」と、ちょっとややこしい言い方をしたことには理由があります。

じつは、先にも言いました通り、私だけではなく、ある程度熟練した料理人であれば、お客さんに口の中の味覚で「美味しい」と感じてもらうことは、そう難しいことではないのです。口の中の味覚が先程の五味または六味をどう感じて、それをどのように感じるか、これは、長年の人類の歴史のなかで、ほぼ明確にされているからです。

しかしながら、その「美味しい」料理を食べたあとに、おなか、つまり内臓でも「美味しい」と意識して／感じていただくこと、これはなかなか難しい。料理人の誰もができることではありません。

私が意識して追い求めているのは、この、おなか・内臓で感じていただくような、いわば「身体全体で感じる美味しさ」です。そのためには、口の中の味覚はもちろんのこと、健康に良い

ものでないといけないと考えています。

美味しさに身体は気づく――身体全体で味わう美味しさの意味

じつはわれわれの身体は、その食べものが健康のためにプラスになるものであれば、それを「美味しい」と感じるものなのではないかと思っています。

人間は、美味しくて健康にいいものを食べているときには、手足が暖かくなる。その食材を消化して、血流を良くして、その栄養分を体内に送ろうとしていることの現われです。

つまりわれわれの身体・内臓には、健康にいいものを感知するセンサーが備わっている。

そのためには、口の中の味覚の美味しさは前提として、飲み込んだ後に、内臓に喜んでもらえるものを料理人は提供しなければなりません。

食べて、飲みこんだあとの美味しさは、その次の日に気づいたりするものです。

あれ、なんだか調子がいいな、という感じで現われたりします。

食べた日の夜によく眠れて、朝はさわやかな気分で目覚めることができて、一日中身体が軽くて、朝からお腹が空いてごはんを食べられます。つまり、健やかになったことに気づくのです。

「おだやかな味」

それも踏まえて味について申し上げると、私の場合、口と内臓、その両方で「美味しい」と思える味は、比較的に薄い味、おだやかな味であると考えています。

優しい味こそが、身体を癒やします。

そしてこれは中華料理の伝統の考え方でもあります。なぜなら、味が濃いと、何品も楽しんで食べることは不可能だからです。

後半、南條竹則氏ともお話ししますが、中国の満漢全席というものは、１０８品ものお皿を食べ続ける宴席です。ここで塩味や甘み辛味の強いもの、刺激の強いものを食べ過ぎたりすると、たくさんの料理を美味しく食べることはできません。

龍口酒家の料理は、満漢全席を参考にしつつ——さすがに１０８品を一度に食べた方はこれまでいません（笑）——食べられるだけ、美味しく食べ続けていただけることを目標にしています。

そのためにも、飽きることのない、優しい、おだやかな味にこだわっています。

濃すぎる味／強すぎる刺激は疑問です

口の中の味覚だけを狙った場合、いろいろな実験ができるのは間違いがありません。ある種のスパイスを使えば新鮮な驚きを与えることができると思います。濃かったり、コクがあれば、少なくとも一瞬は、美味しいと思ってもらうことはできる。

飲食店で、自分たちの特徴・個性を出すために、そういう新しさ、刺激のある料理を提供しているお店も多々あります。それはそれでとてもよくわかる。

ただ、私の場合は、やはり少しコンセプトが違う。濃すぎる味、強すぎる刺激は、身体を癒やす／養うものではないように思いますので。

そのため、私は、とにかくおだやかな味で、何皿でも食べられて、身体に優しく、食べた後、次の日、願わくば、その後も美味しさが「効く」料理を提供したいと思っています。

でも、うちが〝変態中華〟とか言われちゃっているものだから、なんだかものすごい奇妙な味を期待して来られるお客さんもいらっしゃいまして、そういうお客さんはどう思うのかな（笑）。

でも、びっくりするような料理を食べたい方は、事前におっしゃってください。きっとなにか考えられるかもしれません（笑）。

しかし栄養と健康だけでは――食は官能でもある

しかし、身体にいいことにこだわっているからといって、栄養のあるもの、身体にいいものが、即、われわれにとってものすごく「美味しい」ものかと言われると、これもまた別の話であるようです。

たとえば、病院食は、美味しくはないですよね。栄養の味、たとえばビタミンの味、養分そのものの味……身体には良くても、身体にいい「だけ」のものを食べ続けることは、われわれには多分不可能なのです。

ここに料理・食というものの持つ、大変におもしろくて罪深いところがある。

栄養ばかりを追求しても、われわれの身体や官能は、それを美味しいと思うことはない。料理・食は官能のためのものでもあるのです。だから皇帝のように、限りなく贅沢で豊かなものを追求できる人たちが培ってきた文化でもある。

栄養「だけ」の食事には、「身体にいい」こと以上の提案がないんでしょうね。

そして、本当に栄養を、身体に効くように届けるためには、この官能の部分が、じつはとても大事なことなのではないかとも考えています。

五感の料理——官能のオーケストラ

官能ということで考えていくと、人間の身体は本当に敏感なセンサーなんだなと実感します。そして、本当に美味しい料理は、官能的——つまり、その人間の五感に訴えるものであるのではないか。

五感とは、視覚、聴覚、嗅覚、触覚、そしてもちろん、味覚です。

料理は、見た目も、食材を切ったり開いたときの音も、香りも、舌や口内で得られる触感も味も大切です。料理は、官能のオーケストラのようです。

それに加えて、さらに先程からお伝えしている内臓の感覚も含めれば、もしかしたら第六感を必要とすると言えるのかもしれません。

優れた料理人になるためには、そのすべての感覚に優れている必要があるのかもしれません。

私自身、五感で楽しむ——もしかしたら六感で楽しむことのできる料理を提供するために、日々、努力しています。

味と季節・旬――食べものも生き物である

官能を感じるためのセンサーは、日々、季節によっても、気温湿度によっても、そして体調によっても変わります。つまり、人間の身体は旬で変わる。それに応じて、同じ食材・料理であっても、その感じ方が変わってくるのは当然です。

一方で、食材の側においても、季節や状態によって、その味は変わってくる。日々変化する人間の感覚と、同じように変化する食材の感覚、この部分に橋渡しをするのが料理人の役割です。

つまり、われわれが生き物であるのと同様に、食べものも生き物です。

そして、それぞれの相性が当然あるわけです。

あとでもう一度お話ししますが、旬の食べものは、ただの栄養じゃなくて、漢方でもあります。四季のものを食べていれば、副作用はないんじゃないでしょうか。

逆に、四季のものを食べずに、というか、旬を無視した食生活を送っていると、その「毒」が蓄積される弊害みたいなものがあるように思います。

食べものと人間、この生き物同士を幸福に結びつけるためには、知識とともに、非常に繊細・敏感な感覚／センサーが必要になることは言うまでもありません。

そして私の場合、じつはもっと人間はそれぞれ細かく違うと考えています。きっと、指紋と同じように、細胞も遺伝子もひとりひとり違うんだから、それに合った食べものがあるはずです。お客さんの雰囲気を見て、なんとなく、それを少しずつ調理・味付けに活かすようにしています。

身体のセンサーの保ち方と戻し方

この繊細なセンサーを敏感に保つためには、——ちょっと逆説的な言い方になるかもしれませんが——「美味しい」ものを食べることが第一だと思っています。「美味しい」ことで、まずは元気は出るし、意欲も湧くし、それがなければ始まりません。

そして、それは健康の始まりであるはずです。

健康は敏感さに直結します。健康であってこそ、いろいろなものを、深く、繊細に味わうことができるようになる。

しかし、難しくておもしろいのは、「美味しい」の感覚がそれぞれ違う場合です。

私も、いろいろな「美味しい」とされるお店に積極的に行きますが、本当に「美味しい」と思えるお店はそう多くない。

となると、これは、「美味しい」の感覚が違ってしまっている人も多いということになります。

特に、若い方々の間で、濃い味、刺激の強すぎる味、ケミカルの味に慣れすぎて、美味しさに気づかなくなっている人たちを時折見かけます。自然な素材、新鮮な食材のおだやかな味よりも、たとえば添加物を多く使った味を「美味しい」と感じてしまう方々ですね。

その場合、添加物や刺激を抜いた食事を二週間ほど続けると、普通の舌に戻ります。あまり意識せずとも、身体に本当にいいものを食べ続けていれば、少し経つと、身体に良くないものに気づくようになるはずです。

もしもそう感じる方がいらしたら、ぜひ、私の店にいらしてください。相談に乗ります。

私自身が私の店のファン——日本の外食文化の問題

龍口酒家に通い続けてくださるお客さんの中には、「ここで食べたあとはなんだか調子がいいんだよ」と言ってくださる方が多々いらっしゃいます。

「マスターの料理を食べないと元気が出ない」と言ってくださる方も多々いらっしゃる。

独立開店した蒲田の時からずっとそういうお客さんに恵まれていますから、もう四十年近くもそういう方々に囲まれていることになる。

実際、ずっと元気な人達が多いのです。そしてお歳を召しても、みなさん、ものすごく食べる。

すごいなあと思いながらも、本当に、こんなに嬉しいことはありません。

じつをいうと、私自身が、龍口酒家の料理のファンです。なぜなら美味しいし、身体にいいし、高くないし、元気になれるからです。こんなお店があったら毎日通っちゃうよといつも思うのですが、じつはそのお店で料理をしているのが私自身なので、自分では通えないのです（笑）。

こんなに残念なことはありません。

ただ、実際の話として、食べる人の身体を癒やし、健康を養えるようにと考えているような飲食店はまだそう多くはないと思います。

医食同源とは日々よく耳にする言葉ではありますが、残念なことに、日本の従来の中華料理店の中にも、本当に食べる人の健康を優先しているお店は少ないと言わざるを得ないでしょう。

ここにはもちろん日本の外食・食をめぐる大きな問題が横たわっています。

食材の問題もあります。一般の方々の味付けの好みもあります。それに大きな影響を与えてしまった化学調味料の存在もあります。文化・流通・経済も含めた外食文化全体の問題と言ってもいいかもしれません。

すべてが複雑に絡み合っています。

難しいですが、われわれに今できることをするしかありません。

龍口酒家は、「命を養い身体を癒やす美味しさ」のためには、いい食材、いい油、いいスープ（温度）、おだやかな薄味、そして、料理の素早さを大切にしています。

第五章 薬

——食はすべて薬となる

ここでは、食と「薬」の関係について語っていきたいと思います。

つまり、身体の調子を整える／寿命を延ばす食事ですね。

料理とは、癒やし／養いのことです

ここで根本的な問題をもう一度考えてみたいと思います。

そもそも、料理とはなんなのか？

人間にとって、どんな意味を持つものなのか？

長年の経験と学びを踏まえ、私自身は、繰り返しになりますが、料理とは癒やしであり、養いであると考えています。

食べる人を癒せない、身体を養うことができないものは料理ではない。

私は、私の料理を食べてくれる皆さんに健康になっていただきたい。そしてずっと一緒に食を、笑いを、人生を楽しんでいくことができればと願っています。

私の料理は、人を癒やす、身体を養うことのできる料理です。

食、そして美味しさの役割——人生をより長くより楽しくするために

ブリア・サヴァランも『美味礼讃』で言っているとおり、すべての生きるものは、生きるために自ら養いをとる必要があります。

その養いを身体に与えるために、もっとも大きな役割を果たすのが食であろうと思います。

そのために、そのままでは食べられない自然とその生命を調理する。

自然と生命の力によって、それを食べる人が自らを養い、健康と生命を得られるようにする。

ここに私の料理の基本があります。

そして食・料理がおもしろいのは、栄養だけが癒やし／養いのすべてではないことです。

食材の栄養「だけ」を考えても、それが美味しくなければ意味がない。

美味しい料理によって、癒やしと養いの力は強いものになります。

「美味しい！」と思わず口に出てしまうような料理を食べれば、気持ちは盛り上がるし、嬉しい。元気が出ますよね。

さらにそれを大切な友人と共有できれば、話ははずむし、気分も良くなって、ますます元気になれると思うのです。

調理された食材によって、それを美味しく楽しく食べることによって、われわれは癒やされ、養われて、気力と身体がいつの間にかつくられる。

私自身にもたくさんの美味しい、楽しい食事の思い出があります。初めて中国・杭州で満漢全席を経験したときにも、四十人以上で美味しい料理を前にみんなでギャーギャー騒いで、じつに楽しかった。

あのとき、私の寿命は確実に延びたと思います(笑)。

癒やし/養いの場としての飲食店

ですから、自分のお店も、そういう意味で癒やし/養いの場であってほしいと思いますね。いや、「あってほしい」ではなく、実際にそうなるように、全身全霊で、心から楽しみながら毎日努力しています。

調理場から、お客さんみんなが明るく楽しそうに、美味しそうに食べているのを見るほど嬉しいことはない。食べ方、飲み方、表情、盛り上がり方、ちょっとした変化、すべてが客席から伝わってくるのです。

お客さん方のその表情を目にしていると、われわれ料理人が、食べる人の身体に良くないものを作って提供するわけにはいきません。

それは人間の普通の、自然の感情というものです。

そして、美味しくないものを提供するわけにもいかない。客席が盛り下がってしまっては悲しい。そういう意味でも、我々料理人はジャズ・ミュージシャンに近いものがあります。

健康な食材、美味しさ、楽しさ、そして皆が気兼ねなく食を楽しむことのできる価格。

こういうご時世と経済状況です。普通に考えれば、そのすべての要素をクリアするのはなかなか高いハードルなのかもしれません。

飲食店はビジネスとして楽なものではありません。

でも、やらないといけない。

毎日の仕事の中で、自然に、癒やし／養いの場としての料理店であり続けること。これは大きなチャレンジでもあります。

身体はお店の良さに先に気づいている

食べるという行為は、誰にとっても日々必要なものです。

そしてわれわれ人間の身体は大変に敏感なものですから、じつは、食べることによって、すべてに気づいていると思うのです。

食材の質はもちろん、栄養も、調理人の腕前も、心がけも、気持ちも、誠意も……。

もちろん、食によって伝わるものを言葉にするのは難しいかもしれません。もしかすると気づかない方々もいらっしゃるでしょう。

でも、美味しく調理されたものを楽しく食べたあとのあの感覚。

美味しかったねと言いながらお店を後にするあの感覚。

次の日になんだか、なんとなく、なぜか調子がいい気がする。あの不思議な元気・活力のみなぎるあの感覚。その感覚は、必ず身体と記憶に残ります。

私は、食材、調理の良さはもちろんですが、料理人や店のスタッフの気持ちが重なったときに初めてあの感覚が生まれて、それはどなたにも伝わるものと思っています。

お客さんの身体の感覚を侮ることはできません。

素材選び、火入れ、味付けはもちろん、私の料理のすべてはその感覚を味わっていただきたいためのものかもしれません。さらに、仕入れ、メニューがないこと、料理の考え方、そして経営も含めた龍口酒家にあるもの、これらも同様です。

美味しい食事を経たあとに感じられる調子の良さが継続すること、これが心身の健康であり、それは長生きに繋がるのではないでしょうか。

ひとりひとりのお客さんの健康と長寿を願うのが私の料理です。

人の身体は、癒やしと養いに、気づいている。

口から入るものはすべて漢方

中華料理では、口から入るものはすべて漢方として考えます。

ここでいう漢方とは、薬であり、健康を増進させるものを指します。

例えば中国では蟹に生姜を添えて出します。蟹は身体を冷やすものなので、失われた熱を補うために、身体を温める生姜を一緒に食べてもらう。いわゆる陰陽を考えているわけですね。

料理・食材の陰陽をここまで意識し、系統立てているのは中華料理だけと言っていいでしょう。

中国の薬酒はアルコール度数が大変に高くなっています。基本的に、五十度以上のものを薬酒と呼んで、それ以下の度数のものは健康食品に分類されます。

薬酒は伝統的にずっと中国で作られ続けていますが、中国では基本的に、酒は薬です。これは西洋にも日本にもあまりない考え方かもしれません。

人間の身体は血液でできています。よって、なにか調子が悪いときには、血液に良いものを流すと早く治ります。その血流を良くして身体の悪いところに薬を届けるために、強いアルコールを使うのが薬酒です。

つまり、薬をできるだけ早く悪いところにぶつけて治すのが目的です。アルコールの強さによって、早く効く。薬酒を口にしている途中からみるみる元気になる人がいるのは、理由のないことではありません。

西洋の薬は、日本の薬も含めてですが、一種の劇薬です。だから一般的に、薬は食前の空腹時か食後に飲んでと言いますよね。西洋の薬を酒と一緒に飲めという医者はまずいない。酒と一緒に飲んだら強すぎちゃうんじゃないでしょうか。別の症状・病気が出ちゃうかもしれませんね。この点が中国の薬酒とは違います。

中華料理では、薬と食の考え方が際だっています。

味の良さ、口の官能は当然としても、素材選びと組み合わせから、身体全体をいたわった調理方法を考える。この機能的側面は、中華料理の大きな特徴のひとつと言えると思います。

私自身もその考え方に学んで、調理に漢方の考え方を取り入れています。

旬／四季を味方に

漢方の考え方のひとつとして、四季を重視することがあります。

先ほども申し上げましたが、「旬」——つまり、食べ頃です。旬のもの＝食べ頃のものは完全に漢方として機能するのです。

旬のものには栄養が一番多く、濃く含まれています。

さらに、その栄養は、その時期の人間／動物の身体が最も必要とするものになっていると私は考えています。

その両方の理由によって、もちろん、旬のものは大変に美味しい。

季節はずれの食材は、痩せていて味が薄かったり、ちょっと別な味になっていたりしますよね。もちろん現在はビニール栽培等で無理やりに、本当は別の季節のものも一年中食べられるようになったりしています。それはそれで大変な技術の進歩です。

でも、じつは、季節はずれのものは、深いところで健康に良くないんじゃないかと私は思っています。その時期の人間の身体との相性を考えた場合、それらはもしかすると、かえって副作用のように病気を呼び寄せるのではないか？　と感じるところがあります。

旬の違いによって、身体が冷えたり温まったりします。秋ナスはいいけど、春のナスは少し毒になる。冬に根っこのものを食べると身体は温まりますが、夏に食べたらあまり良くない……みたいにね。

最近のわれわれには「旬」がわからなくなってきています。これまでは昔の人の知恵の蓄積があったわけですが、近代の農業は商業的利益のためにそれを排除してしまった。今後、きっと、もう一度教えていく必要が出てくると思います。

そして逆に、旬の、栄養の濃いものを食べていれば、病気は遠ざかるはずと見ています。自然を味方につけるという考え方ですね。

われわれ人間も、自然の一部ですから。

改めて、四季のものには、きちんとその季節に合った漢方薬が入っていると考えていいと思うのですが、いかがでしょうか。

自然は全体で漢方薬――食がどう薬になるかを知り尽くす

そのために、龍口酒家の料理も、その季節に沿ったものになっています。

まず、春は新芽の季節です。

熊や鹿、野ウサギなどを見ていると、動物は苦い新芽を食べものにしています。人間も無意識にそれを理解しているのではないかと考えて、この季節は新芽の料理を多く出すようにしています。

夏は当然暑い。そのために、苦い野菜に加えて、冬瓜やスイカのように水分の多いものを好んで出すようにしています。

だんだん寒くなってくる秋は菌類ですね。さらに木の実、茄子、果物を多く出すようにする。冬には根菜類、白菜、長ネギ、ほうれん草などです。身体を温めることが期待できる食材です。

食材の価格も、旬のときに最も多く量が出回るわけですから、手に入りやすいものになりますよね。そうすると、その意味でも合理的です。

旬の食材を使うことは、味においてはもちろん、栄養においても、食べる人を癒す／養う料理として、自然なものになります。

普段から自然と向き合って食材を探して料理をしているわけですが、結局、自然の中に漢方薬は揃っているんじゃないかと思いますね。それを旬という形で取り入れる。

自然全体が漢方薬と言うべきでしょうか。

中華料理と中国漢方は、自然と人体の関係を知り尽くしていて、それはひとつの宇宙世界を見るようです。

私が中華料理を学び始めたころも、先輩の中国人の料理人の中にはすごい知識を持っている人がときどきいました。

例えばお腹の調子が良くないとひとこと言うと、じゃあこれを食べるといいよと漢方になる食材を教えてくれたり、それならこれを食べな、と、サッと料理を作ってくれたりする。そしてそれを食べると本当にすぐに調子が良くなってしまう。

びっくりするくらいに効くのです。

おもしろいなあと思いましたよね。

そこで私自身も漢方を学ぶようになるわけです。

石橋流の漢方超入門

ここで少し漢方の基本的な部分についてお話ししておきましょう。

もちろん漢方の世界はあまりに広く深いものなので、ここですべてを解説するようなことはとてもできませんが、ひとまず、一番最初の入り口としてのお話です。

中国漢方には約3000年の歴史があると言われています。

その頃から、時の皇帝のために研究され、理論化され、系統化され、言い伝えられながら、今でも実用的に使われています。

西洋医学とは出処／伝統がまったく違うのですが、アメリカでも、今頃になってかなり見直されているようですね。

一方、中国の伝統的な中漢方（中薬）と、日本で発達した和漢方には、少し違いがあります。漢方はもともと中国から来ているわけですが、和漢方を見て、中国人はかなり違うと言っていますね。

まずは材料です。

◎中漢方——骨、動物、植物、虫が主（動物が材料）

◎和漢方——葉、木、根が主（植物が材料）

龍口酒家は、基本的に中漢方を勉強して料理に活かしています。

効き方にも違いがあります。

◎中漢方の効き方――悪いところに直接効く（当て方がある）
◎和漢方の効き方――効き方がゆっくり（体質改善がメイン）

中漢方も和漢方も、もちろん薬の種類は沢山ありますし、症状や体質によって、それぞれ様々な処方があります。

中漢方は、ひとつの症状に対して何種類かの処方が用意されていて、その人の体質によって、少しずつ試していく感じが多いと思います。

そしてその処方と体質がぴったり合ったときの効き方は本当に顕著ですごい。驚くくらい素早く効果が出ます。

今は科学で体質やＤＮＡが検査できるので、人による合う／合わないが明確にわかるかもしれません。しかし、当然古代中国でそれができたはずはないので、試すしかなかった。

きっと、あらゆる漢方薬をあらゆる体質の人達に、幅広く試してきたのでしょう。少しずつ薬を試し、その相性を確かめる方法が洗練されています。

和漢方の場合は、少し効き方もマイルドなので、誰にでも大体効くことが多い。それもあって、人によって薬の種類を試していくという考え方はあまりないかもしれません。

私の店でよく使われる漢方の素材について、少しだけ説明しておきましょう。

山椒――胃と腸の調整役です。便秘にも下痢にも効きます。

八角――腸の漢方薬です。内臓の調子が悪いときには、中国人はみんな八角を持ってきます。風邪はもちろん、SARSにも効いたと言われています。

肉桂――血流を良くする漢方薬で、胃の薬です。末端の血流を温める効果がある。身体が冷えて血が動かなくなり、胃の消化が悪くなっているときがあります。そんなときに効きます。

朝鮮人参（山人参）――疲れているとき、もう飲めないというときにはこれです。

蟻――血液の病気にいい。高血圧、リューマチ。人間は血液ありきです。

肉蓯蓉（ニクジュヨウ）――子どもができない人にいいと言われています。子宮を温めるそうです。

漢方には、中国を中心に、数千年前から人類の記憶として蓄積されてきた知恵があります。

そこから見えるのは、地球上にあるものに無駄なものはないということではないかと思います。

内臓が丈夫な人は長生きする

長生きのコツは、内臓を大切にすることだと思っています。

皮膚は整形で治りますが、内臓の整形はできません。そして内臓は、皮膚ほど簡単に状態を確かめることができない。化粧水を塗るわけにもいきませんしね。

そうなると、やはり食べ方、食べものが一番大事ではないかと思うのです。

まずは、もたれるものを食べないこと。

具体的には、添加物や、新鮮ではない素材、悪い油を使った食べものを極力減らすこと。悪い素材や酸化した油を食べてしまうと、胃はもたれます。これがひとつの黄信号ですね。

ベーコンやハムといった、加工肉も難しい。自然なものであればいいのですが、添加物が大量に加えられていることが多いようです。

私がつくっているのは中華料理ではありますが、現代の中国で多く生産されている、出来合いの味がついている既製品を使うことはありません。添加物が大量に入っていることが多いようですから。

私の店では、あくまで、味は自分たちでつける。

石橋幸の内臓強化法

私は今年73歳ですが、まったく老いを感じていないですね。毎日お店に立っていますし、食事も美味しい。毎日楽しく過ごしています。良く眠れていますし、幸いにも大病もせず、内臓もずっといい調子でここまでくることができています。

そんな私に自分の健康法があるかどうか、わからないのですが、敢えて挙げると次のような感じでしょうか。

- **食品添加物を摂らない――なるべく自然のものを食べる**
- **酸化物を取らない――なるべく新鮮なものを食べる**
- **子どもの頃は魚を食べることが多かったのですが、今は魚よりも肉を多く食べる**
- **子どもの頃から野菜を多く食べていた**
- **きちんと眠る**

……眠ることを除けば、店で料理をする際に気にしていることと大体同じです。それと、内臓は空気に触れると弱る、と言われることがあるようですね。

食べもので、どれだけ人生は変わるのか

今は、日本人の半分がガンになってしまう時代です。

普通に生きていたら、空気を吸っているだけでも、水を飲んでいるだけでも、病気になってしまう。

食べものも、簡単に口に入れやすいものは、どれも味が濃いし、塩味が強すぎる。添加物も多いでしょう。

30年ほど前にファストフードで買ったものがしょっぱすぎて食べられなくて、こんなのを食べていたら病気になっちゃうぞと、びっくりしてね。どんどんファストフードが日本に入ってきていた頃で、日本人を殺す気なのかなとすら思いました。肝臓を悪くしちゃいますよね。肝臓は、一度悪くなったら治らないので、大変です。

だから、せめて、口から入るものだけでもいいものにしないと、健康に長生きして人生を楽しむことは難しい。

若い子たちの食事を見ていると、正直に言って、かわいそうだなと感じることも多々あります。

食についての優先順位がかなり下がってきているのではないか。

もちろん世の中の変化もあって、生活の中で食事に使えるお金が減ってきているということ

もあるのかもしれない。

でも、それでも、そこで食と健康にもう少し意識を高めたほうが、いいことが増えるんじゃないかと思うんです。これは私が料理人だから言っているわけではありません。

そもそも、いいものを食べないと、頭も働かないし、身体も動かない。

より良く生きるために、健康な頭と身体は必須だと思うのです。

そして健康であれば、意欲ももちろん変わってきます。

私は、美味しいものを食べて心身ともに元気になって前向きになれる、そのための「食」を考えています。

われわれ人間にとって、頭と身体と意欲は、本当に唯一の資本なのですから。

ゴミを食べても、ゴミしか出てきません。

いいものを食べないと、いいものは出てきません。

ダラダラしていたら、すぐに死んじゃいます。

人生は長いけど、短いんだから……。

このことを、私は声を大にして伝えたいですね。

エサは食べるな、ごはんを食べろ

私が誰にでも、いつも口を酸っぱくして言っているのがこの言葉です。

エサは食べるな、ごはんを食べろ。エサとごはんはちがうよ、と。

これは、私が中華料理から学んだことでもあり、長年の料理人人生の中で培った考え方でもあります。

われわれ人間は、家畜とは違う。

同じ動物ではあるけれど、エサでなくてごはんを食べて、意図的に自分を癒し、養って、元気になって健康に生きていかなければならない。

なんでもいいから食べておくというのが「エサ」です。自分で自分のことを考えて食べるのが「ごはん」。

このことは、もう、子どもの頃から教えるしかない。

そして「美味しい」ことがこんなにも素敵なことである、こんなにも生活や人生に大きな影響が出るものであるということを、きちんと伝えていかなくてはならない。

さらに「美味しい」とはどういうことかを、きちんと教えなければいけない。

食べる喜びをもう一度――欲深く、健康に長く生きたい

私の場合は欲がものすごく深いので、若い頃から、いいものを食べたいからもっと仕事をしよう、もっと価値の高い仕事をしようと思い続けてきています。

その欲と食の関係が、仕事、店、人生のすべてを含めて、私の「今」に直結しているような気がします。

食べることは生きることで、命とは、つまり、なにを食べたかということですから。好き嫌いなくいろんなものを食べていれば、栄養も身につくし、身体の免疫力も高まる。でも、食欲がなければ、身体を養うことができず、病気になってしまう。

生き物は、食べて、栄養を身体に取り込んで、骨、筋肉、神経、血、血管、そして脳をつくって、生きていきます。

さらに、食べることによって体温を上げ、免疫を高め、自らの命を守っていく。

だから、食に対する欲は、そのまま、生きることへの欲なのです。

入院して、食べものの話をしない人間はだめだといいますよね。あれを食いたいこれを食いたいという人間は治って、退院できる。

より良く、長く生きるためには、そしてその生を楽しむためには、食べる喜びは本当に大切なものなのです。

そのためにも、私は料理人として、全身で「美味しい」と感じていただける料理を提供していきたいと考えています。

ぜひ、私の料理で、身体を癒やし、養っていただきたい。

人生をより長く、楽しくご一緒できれば、これ以上の幸せはありません。

地球の食物連鎖

地球を構成しているのは、動物と植物と人間だけではありません。土壌も、空気も、海も水もあります。

私は植物の栽培もよくしているのですが、竹の葉を肥料にあげると、薔薇が綺麗に咲きます。きのこも活発に出てくる。

そういうものを見ると、食物連鎖というのか、地球上の生命体の関係性／ネットワークみたいなものは、本当に良くできているなと感心させられます。

これはきっと人間も含めた話で、土壌に栄養がなくなれば、人間にも栄養がなくなってしまうのでしょう。

山からミネラルの入った水が流れてきて、その栄養をプランクトンが食べ、魚がプランクトンを食べ、人間が魚を食べる。そして人間は死に、土壌に戻って、地球を循環させる。

一種、人間は、地球の砂と空の真ん中、両方につながっている存在であるように感じることがあります。

料理は、その巨大な活動の一環なのではないでしょうか。

そうであれば、手に入る食材を美味しくいただくことは、生命に対するひとつの礼儀のような気がしているのです。

地球には、きっと無駄はなにひとつない。洪水も、竜巻も、もしかしたら昨今のこの温暖化も、地球が正常化するための一環なのかもしれません。

地球上の養分を循環させる役割であるはずの人間が毒を出すのは、やはりいいこととは思えません。

今、人間がどれだけ地球に毒をばらまいているか。

毒を出したら、それが回り回って、自分に毒が戻ってきてしまう。これは当然のことだと思います。

そして人間にガンが増えている。さてこれは一体どういうことなんだろうと。

そんな中で、地球全体を美味しくいただく／味わえるようにするのが龍口酒家／中華料理の目標なのではないかと考えています。

料理人の立場から、食材、料理とともに、今後の人間のあり方について、さらに深く・長く考えていくことができればいいなと思っているところです。

2010年9月、洛陽にて

第六章 満漢全席の記憶——

対談 南條竹則×石橋幸

訊き手: 熊谷朋哉

英文学者／翻訳家／小説家の南條竹則氏は、石橋幸の長年の友人である。

1993年、南條氏は文学賞の賞金を元手に、中国の宴会「満漢全席」の開催を目論んだ。長年満漢全席を体験したいと夢見ていた氏は、石橋を通じ、中国本土の料理人の協力を得て、当時の中国本土では大ニュースになるほどの宴を張ることに成功する（その成立の過程と実際は氏の小説『満漢全席』『寿宴』に詳しい）。

ふたりの関係の始まりから、中華料理の成立と歴史、チャイナハウスの料理について語っていただいた。

満漢全席物語

――おふたりの関係の始まりはどういうものだったのでしょう？

南條　蒲田にお店があった頃に、岡君という友人に連れられてきたのが始まりです。食べてみたら、とにかくなんでも美味しいし、他所では絶対に食べられないものがたくさんある。そして今も人気の里麺《リーメン》、これが美味しくて、癖になりましたよね。

石橋　それから先生はお店に通ってくれるようになりました。そして1993年、先生が、中国で、往時のレシピで伝統の満漢全席を開催したいと仰る。さらに費用は新潮社の日本ファンタジーノベル大賞の優秀賞で得られた賞金ですべてまかなうと。これは大人物だ、大したものだなと思いましたね。

そこで先生にその相談を受けたものですから、私の友人の料理人である成振森さんという人に手配を頼んで、杭州の故忠英さんという料理人に満漢全席を実現してもらったのです。

南條　素晴らしい経験でしたね。

石橋　それからは機会があるたびに一緒に中国各地に旅行したり、新たな満漢全席をともに経験してきました。

――満漢全席とはどういうものなのか、教えていただけますでしょうか？

南條　「満漢」は、満州族と漢族を指します。そのふたつの民族の料理の一番いいところをとって、清朝の宮廷や役所で開かれていた宴のことです。私は1970年代に香港で開催されたすごい満漢全席の模様をテレビで見ていて、ヤマネコの煮込みとか、これは死ぬ前に一度は食べたいと思っていたんですね。

石橋　一度の宴席で、数十皿から200皿の料理を出す。108皿という数字が基準とされま

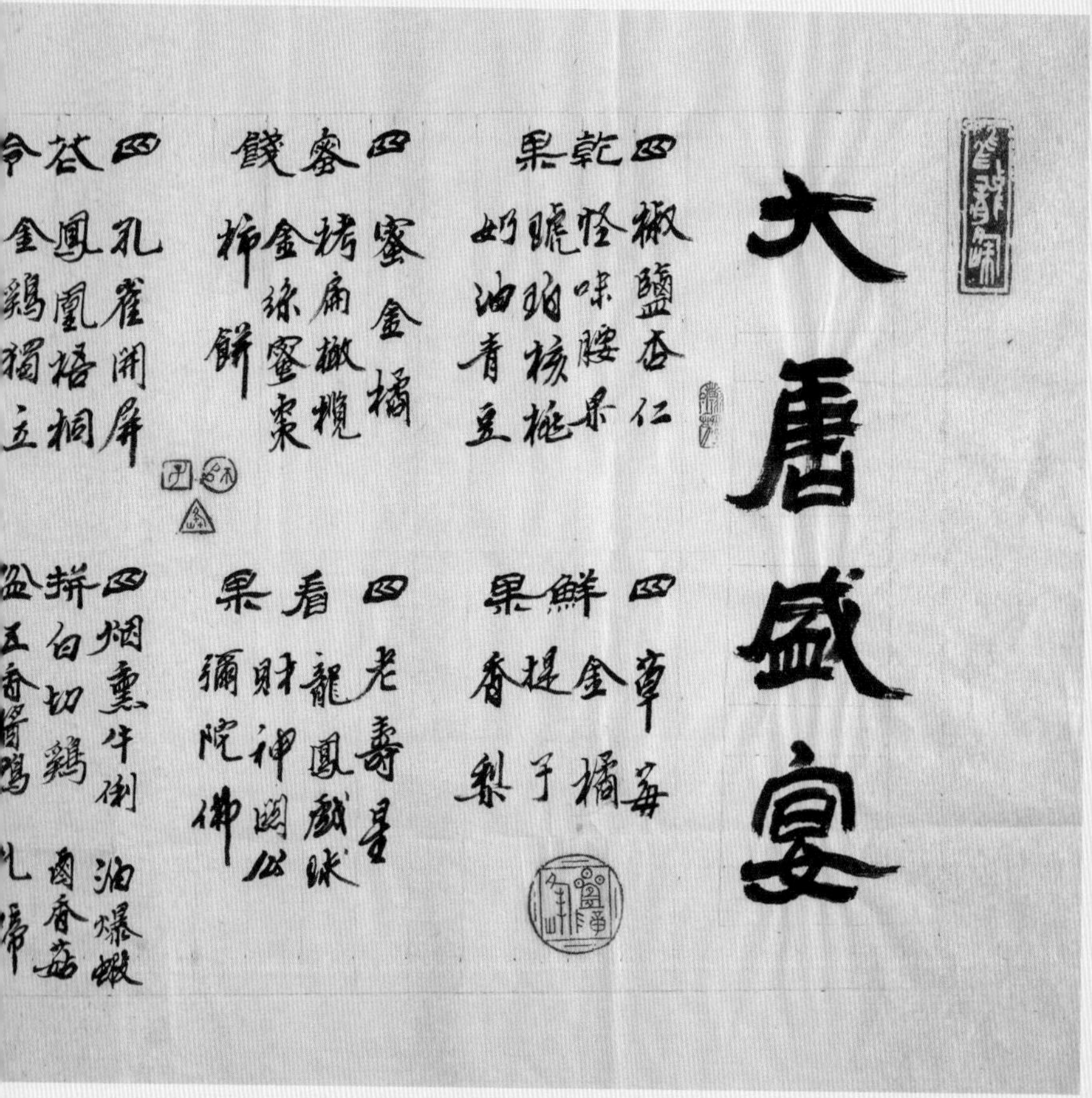

2003年、上海の大唐盛宴献立表

荅冷

鳳凰梧桐
金雞獨立
熊貓戲竹

拼盆（八隻）
白切雞　鹵香菇
五香醬鴨　扎蹄
素火腿　千層順風

十二大件

糟香扦鼻麒麟頂
稀鹵中華鱘明骨
蟹黃燴山瑞裙邊
紅燴澳洲袋鼠肉
鮑汁紅燜大熊掌
回鍋双色穿山甲

清蒸極品娃娃魚
煲仔鮑汁五步蛇
水煮夯鮑梅花鹿
紅燒珍品果子狸
蒜棗酒香中華鱘
雪花龍鳳炒鹿筋

十六小碗

拆燴大魚頭
蚝油紙包明蝦片
沙律蟹粉卷
蟹粉燴廣肚
陽澄白玉
酸辣燴魚唇
蟹粉溜魚卷
酒燜野生鼈

粽香糯米骨
花菇加刺參
蝦蒙菠菜湯
清蒸飛龍
貫甲雞塔
水晶瑤珠珠
齋菜燴石斑魚
七彩孔雀絲

四烤（四紅）

烤乳猪
烤烧鵝
烤脯腩
烤叉烧

四點心

荷葉夾
乳酪餅
薄脆
葱油薄餅

八押桌碗

竹蓀炖珍珠鷄
三套鴨
鹿掌扣荔芋
貢門献魚
烏龍吐珠
蟹粉菜墩
春白鮑脯
裏烧駝肉

四蜜碗

夾沙山藥泥
甜々蜜々
炸羊尾
冰糖雪蛤

四燒（四白）

白切羊肉
金陵鹽水鴨
香拌小素鷄
烟熏鰻香

四傳飯碟

泡菜
螺絲菜
子姜
榨菜心

碗 貢門獻魚

裹燒駝肉

四客碗
夾沙山藥泥
甜々蜜々
炸羊尾
冰糖雪蛤

四傳飯碟
泡菜
螺絲菜
子姜
榨菜心

四傳飯菜
白灼橄欖菜
上湯娃娃菜
鷄茸玉女蘑
蚝油百灵菇

四麵食
葱油花卷
伊美燴麵
銀絲卷
三絲翡翠麵

四點心
蟹粉小籠
上海特色生煎
酒釀圓子
核桃酪

貳稀飯
五穀粥
血糯米粥

癸未之夏
劉[illegible]於[illegible]

すが、まあそれだけたくさん出るということです。さらには歌舞音曲の出し物もあって、見て楽しんで、12時間くらいはずっと食べ続ける。ものすごく豪華な宴席です。

――そんなに長い時間ご馳走を食べ続けることが可能なものなんでしょうか？

南條　食べられます。美味しいし、食べられるような作り方になっているから。

石橋　最初に経験した満漢全席が１０８品でしたけれど、その数だけを聞いたらちょっと信じられませんよね。だけど、食べられるの。そして一番驚いたのは、それだけ食べているのに、きちんと翌日の朝におなかが空いて、食欲が出るということなんです。医食同源じゃないけれど、それを計算して料理・献立を考えているんだね。

本当に身体にいい食べもの、美味しい食べものって、こういうものなんだなと実感しました。衝撃というか、食についての意識が全く変容しちゃったよね。

南條　満漢全席のような彷古宴（昔の宴席を模したもの）を石橋さんと何度もやりましたが、ある時、その昼間の部で鹿とかヤギとかいろいろな肉を食べて、休憩時間に外に出てからみんなのいる待合室に入ると、獣くさいんです（笑）。そして夜の部は、マンゴーとか、酵素の入っている果物とか、ツバメの巣とかが最初に出てきて、そういうものを食べると、きちんとおなかが空いてくる。そしてまたたくさん食べる。本当に素晴らしかった。宴会に対する考え方が変わりましたね。

石橋　使用前／使用後みたいになりますね。私にとっても、ものすごい勉強になった。

――その当時の中国で満漢全席が開かれるのは、珍しいことだったのでしょうか？

石橋　そうなんです。だから現地では、マスコミも料理界も大騒ぎになった。元々は伝統的に受け継がれてきていたものなんだけれど、文化革命とかがあって、当時の中国ではその伝統が途切れてしまっていたんです。

だからもう、本当に、大変なことになった。われわれが杭州に行った時点で、「日本の富豪が十八万元を持ってきて伝統の満漢全席を復活させる！」という報道が出てね。宴会の場にはテレビカメラも入るし、先生はインタビューされるし。「日本の金持ちが中国文化の精髄を盗みに来た」という記事もあった（笑）。

南條　本当に驚かされましたね。バスでお店に向かうと、店のまわりに既に見物人の人だかりができていて。現地の関心はこんなに高いのかと思わされましたね。

石橋　料理人たちの間でも同様で、お店の中にはマスコミもいたんだけど、それ以上に白衣を着たコックでいっぱいなの。誰も彼も、何十年かぶりに開かれる満漢全席を見たい、その勉強をしたいということであちこちから集まってきていた。その意欲、向学心、ものすごいものだと思いましたね。

――そのときの満漢全席がそれだけの関心を持たれた文化的・歴史的背景は？

南條　鄧小平の開放改革路線が勢いに乗ってきて、消費に対する意欲が上がっていたことが大きいと思いますが、もともと中国では伝統的に飲食への関心が深いということが挙げられるでしょうね。

石橋　中国では、料理人の地位が高いの。普通の料理人から、特級の料理人までの厳密な格付けがなされていて、同じ料理を作っても、その格付けによって値段が違う。

その満漢全席のときには本当に中国の特級料理人、その中でもトップの人たちが集まったし、そして本当に久々の満漢全席だし、しかもそれを日本の大富豪が開催するということで、関心を持たれちゃったんだろうね。

南條　とんだ大富豪があったものだ。（笑）当時は今とはまったくレートが違いますから。今だったらあのくらいのお金ではなにもできない。あの頃はまだ外貨兌換券（外貨を管理するために中国で発行されていた特別な紙幣。1995年廃止）があって、外国人はそれを使う必要があるような時代でした。

石橋　あの頃は、「万元戸」という言葉があって、1万元で家が買えたの。年収が1万元あるとお金持ちだったの。今では全く信じられないよね（2024年8月現在、1中国人民元は約20円）。

――経済成長する前の中国ですね。その当時と、その後の経済発展とともに、中国の料理に変化はありましたか？

南條　ものすごく変わりました。

石橋　昔の中国料理は良かったね。本当に素晴らしかった。

南條　素晴らしかった、全くその通りです。

石橋　当時のわれわれは、敢えて「皇帝料理を食べる」と決めて、そのように事前に注文して、中国に渡ったわけです。そうすると、昔の料理を出してくれる。でも当時も、普通に近くのお店で食べていたら、いわゆる化学調味料をふんだんに使った料理を食べることになったでしょうね。

そしてあの頃が、あちらの料理人自体のレベルも全体的に落ちかかっていた時期だったのも事実です。満漢全席を当時のメニューで再現しようという機会もずっとなかったわけで、そういう機会がなければ、料理とその技術の保持も難しくなりますよね。

でも、注文をすれば、文献をたくさん読んで、当時の料理を再現してくれる。自分たちの腕を見せようと。そこに中国料理の伝統と意地が見えた気がしますよね。

中国の歴史と料理の関係

――中国料理の伝統というのは、どのように残されてきたのでしょう?

石橋　中国では、ある皇帝が倒れたら戦乱の世になって、全ては燃やされて埋められて、そのときの歴史がなくなっちゃったりします。でも、料理人・コックだけは次の皇帝にも召し抱えられた。そうして何千年も料理の歴史は繋げられてきた。

南條　料理のことを書いた書物も古くからある。例えば『礼記』は、いろんな説があるけれど、周から漢にかけて、つまり紀元前に成立したとされている。『論語』はもっと古いですね。こういうものを見ると、紀元前の料理も振り返ることができるわけです。

いわゆる「八珍」、あれも『礼記』に出てくる。宮廷で食べた料理だから、非常に手がこんでいて、当時のレシピがきちんとついているんですよ。仔豚を煮たり蒸したり、相当無駄な手間をかけているんだけど。

石橋　作ってみたいし、食べてみたくなるよね(笑)。

――料理を文献として残すという意志が明確にあったんですね。

南條　そうなんです。これは中国文化が持っている強い意志みたいなもので、現在の共産党政権ですらそう。権力者が料理のことを記録する文化なんですよ。
孔子さまの場合も、食をおろそかにしません。儒教は親孝行を徳目として重視するから、お年寄りに滋養があって食べやすいものを食べさせることが非常に重要なことだと考える。食についての研究を、卑しいとかくだらないとは考えない。道教の場合は、不老不死を求めて、その角度から食を研究します。中国には、国民を挙げて食べものを研究する文化・風土があると考えてもいいかもしれませんね。

石橋　そうね、中国の人は、あらゆる意味で食べること、食についての意識を大事にしますよね。人間は食べて生きているんだから、考えてみれば、当たり前のことなんだけれどね。

南條　さっき『論語』の話をしましたが、孔子の子孫が今も多く住む山東省の曲阜で、孔府宴という宴会をしたことがあるんです（30ページ参照）。孔子の直系子孫は名門の貴族だったから、その家には代々贅沢な料理が伝わった。その料理を再現したものでした。このとき、孔子の子孫の方が一緒に食事をしながらいろいろ教えてくれましたね。ちょうど僕は岩波文庫の『論語』を持っていたから、それを見せたら、ちょっと言葉を書いてくれた。「半部論語治天下」という言葉です。『論語』を半分読めば、天下を治めることができるという。
貴族じゃなくても、中国の権力者には食いしん坊が多い。あの毛沢東も武昌魚という魚のことを詩に書いている。武漢の名物ですよ。それから、毛沢東は杭州にいた時、杭州料理を研究したようです。中国にはあちこちに「毛家菜」の店があって、これは毛沢東料理の店ということです。僕は北京や蘇州で入りましたね。「毛家菜」の店では豚の煮込みを売り物にしていて、毛沢東の故郷湖南省の料理だと思われているけれども、じつは杭州の東坡肉をお手本にしているらしい。

国民党の重鎮たちも食べるものが好きで、ゆかりの料理もいろいろなところにあります。南京のレストランには国民党の有名な人が考案した料理を出す店もありますね。

石橋　中国では食はずっと大切にされてきていて、料理は、権力の移り変わりのなかで変わりながらも生き続けてきたんだね。

南條　歴史の変わり目には食べものの変わり目がありましたね。たとえば、日本のように生魚を食べる習慣は、宋代まであったけれども、モンゴルが入ってきて影をひそめた。

ここで話を満漢全席に戻すけれど、満漢全席と称する宴会が流行り始めたのは、清朝の末期からなんです。皇帝や西太后が食べているものを俺たちも食べようじゃないかという趣向で、官僚などが盛んに行った。

日本に利用された末代皇帝愛新覚羅溥儀も、瀋陽で満漢全席をやったといいます。そのメニューも残っています。僕たちも一度、瀋陽で満漢全席をやりましたが、あのとき料理をつくってくれたのは、その伝統を受け継ぐ料理人たちなんですね。

中華民国時代も満漢全席の類は開かれたし、戦後の60－70年代にかけては、香港や台湾のお金持ちがやり始めた。その頃、日本の中山時子先生も何度か企画なさったようですね。
戦後のこの時代は、日本にも香港や台湾から素晴らしいコックがたくさんきていました。

石橋　そう、超一級のコックたちでしたね。彼らが、日本の中国料理のはじまりだったんだと思いますね。
私が弟子入りした頃の中国人コックたちは、本当にちゃんとした中国料理ができる人たちばかりでした。それを私たち、つまりいま70歳くらいの——それは中国人も日本人も一緒なんだけれど——人たちが崩していったと言えるでしょうね。ちゃんとした中国料理が、どんどん失われていった。我々の上の世代の、たとえば陳建民さんとかね、華僑に連れられてきたコックたちは、本当に超一流、最高のコックたちでした。

——大歴史物語ですね。

南條　そう。一方で中国本土では文化大革命がありました。ブルジョワ的な贅沢は敵だという時代ですから、満漢全席どころではない。ところが、その後、鄧小平で開放改革路線になって、世の中の空気が変わってきた。ちょうどその頃に、われわれが満漢全席を開いた。

石橋　それで、われわれの宴会のことが一週間前から新聞で大々的に報道されていた。当時の中国人にとっても本当に珍しいことだった。日本の成金、南條竹則が、18万元で、満漢全席を復活させる！　と。テレビ局まで来て、先生が中国語で話をしてね。一緒に行った恩師の先生が、南條があんなカタコトの中国語でインタビューを受けているぞ、すごい度胸だ、とびっくりしてね（笑）。

南條　今考えると恐ろしい（笑）。3年後に北京のテレビがその宴席のことを番組にして、それを見た産経新聞が、僕に直接取材もしないで、留守番していたお婆さんの話を聞いて記事を書きました。しまいには東スポが、日本の成金が中国の財産を奪って帰ったという記事を出した。一介の物書きが猪木やアンドレ・ザ・ジャイアントと同じ新聞に名前が出るとは、じつに感銘が深かった（このあたりは南條氏の小説『満漢全席』をご参照）。

石橋　浙江省で、一度の宴席に費やした最高額だと新聞に出ましたね。今の中国と日本のお金の関係からすると、もう考えられないよね。時代は変わるよね。

南條　僕は宴会が終わったら一文無しになっちゃって、お土産の龍井茶も買えなかった。お茶を売る店で、みんなが買っているのを見て羨ましかったんですけどね（笑）。

　ただ、お金以上に、あの宴席の後は深刻な後遺症が残りました。

　その後数日間、どこでなにを食べても、美味しくないわけではないんだけど、なんの喜びも得られないんです。杭州の楼外楼に行っても、上海で成さんの連れて行くいいお店に入っても、美味しいのは当たり前だと思って、なんにも楽しくない。こんな状態が続いたら、自分の人生はこの先どうなってしまうのかと思って本当に困っていたんです。

ところが、成田空港からの帰り道に小岩の楊州飯店に寄って、牡蠣の豆豉炒めを食べたら、口が元に戻った。しみじみと、これは美味いと。本当に安心しました。

本当に、またとない体験でした。

――バカみたいな質問になってしまいますが、満漢全席の料理は、なにがそんなに違うのでしょうか？

石橋　単純に、レベルが違うんです。

南條　特別なものである、ということかな。「別製」という日本語がそれにあたりますかね。たとえば点心。同じ店の同じ名前の包子《パオズ》なんかでも、全然違うものなんです。街角で売ってるような、薄利多売を旨とする点心は、それはそれで美味いけれども、芸術家のような点心師が最高の素材で作るものは、もう本当に違うんですよ。美しくて繊細で、食べるとかえってお腹がへる。

石橋　点心は、それを食べて食欲を湧かせるためのものなのです。炭水化物なのに、不思議ですよね。

南條　日本にはあまりいないけれど、中国には専門の点心師とか麺点師といわれる人がいて、名人は朝だけ少し点心を作って、作り終えたら家に帰って寝ちゃう。いや、寝ないかもしれませんが、そういう名人気質が感じられた。ちょっと日本の上等な和菓子を連想させますね。成都で宴会を開いたときも、上品な点心が素晴らしくてね……。担々麺も素晴らしかった。あの味が舌に残っているから、北京や上海で担々麺など食べる気がしない……やはり四川まで行かないと。僕は本場の料理が好きで、別の場所でアレンジされたものが嫌いなんです。知らないで食べれば、そこそこ美味しいでしょうがね。

だから、満漢全席を経験して、ものすごく人生が不幸になりましたね（笑）。

石橋　そう！　ものすごく美味しいものを知っちゃうと、不幸になる。それまでの人生が変わるの。

南條　日々が楽しくなくなるわけです。

石橋　だけど、しばらく刑務所でまずいものを食べていれば、舌は直るんじゃないかな。

南條　いろんな意味で人生が変わりますね（笑）。

食で人生は変わる

――でも、やっぱり、いいものを食べ続けた人生と、そうでない人生では、前者の方がいいですよね。健康、寿命にだって、大きな影響が出るでしょうし。

石橋　それはそうだよね。私はいつも言ってるの。いいものを食べなさい、エサじゃなくてごはんを食べなさい、と。値段が高い食べものというのはどういうことか。安いものは、見た目はともかく、中身がどうかは、普通に想像できるでしょう。せっかく生きているんだから、いいものを食べないといい人生にならないよ。

南條　美味しい食べものは、心と体と両方に効くんではないでしょうか。文字通り心身のためになる。

石橋　食べもので、身体も頭も変わるからねえ。

――それに比較すると、特に日本では、食についての意識が低かったように感じられるのですが、これはどうしてでしょう？

南條　（机を叩いて）それは武士が悪いんですよ！　刀なんか振りまわす者が天下を取ってしまったから、食が貧しくなってしまった。味を云々するなんてことは武士道にありませんからね。

石橋　考えてみたら、中国でもフランスでも、料理人には位付けがされていて、料理と料理人に対する評価がきちんと明確にされているけれど、日本だけはないよね。日本料理だって、そこそこちゃんとしているはずなんだけれどもね。

南條　日本人は料理人の良し悪しじゃなくて、店の良し悪しを言いますからね。個人じゃなくて曖昧なんだ。もっとも、江戸時代は町人が料理文化を洗練させたでしょう。これは世界的にも珍しいことですよ。中国でも、素晴らしいものを一般人が食べられるようになったのは清朝が終わってからです。フランスでも、フランス革命以降ですよね。それまで美食というものは貴族や高級官僚が独占していた。でも、和食の全盛期は江戸時代、八百善の頃で、それは町人の世界ですからね。

もっとも、日本の美食文化は、色事と一緒になっていたわけで、飲食だけに打ち込むという考えが育たなかったことも特徴です。明治時代は蕎麦屋でも鰻屋でも二階に芸者を呼べたんですから。まして高級な料理が食べられる場所は綺麗な女性と遊ぶ場所でもあった。だから、料亭は部屋のつくりもよければ調度も掛け軸もいい。庭もいい。一種の総合芸術だったとは思うんですけれどもね。

——今の日本では、食について意識的な人とそうでない人がくっきりと別れているかもしれません。経済状況もあって、ファストフードで済ましてしまっている若い子がとても多い印象です。

石橋　今の若い子たち、かわいそうな子たちが多いよね。若者が飲まない食べない。そんなんで大丈夫なのかな？　と思っちゃうんだけれどもね。時代も変わっているしね。悪いものを食べていると、それが溜まりに溜まって大人になったときに一気に出てくるよ、と思っちゃうんだけれど。

若い子にお金がないという状況もあるしね。これだけ不景気だと、今、きちんとした料理人は日本では生きていきづらいんじゃないかと思うよね。

南條　今の日本は、中華料理にとって不幸な時代ですね。昔のほうがはるかに良かった。近頃は高級料理がなくなってしまった。

石橋　日本が不景気で、まともなコックが来ないから。デリケートで絶妙な腕を持った人は来ません。

南條　客も悪いからね。フランス料理やイタリア料理に高いお金を払うのは当然でも、中華料理は安いものだと思っている。昔は中華料理というと贅沢感がありました。

——お安くて身体にいいものを見つけづらくなってきているということもあるのでしょうか。

南條　確かに、昔の東京には、フカヒレの姿煮を食べるような店がある一方で、安くて美味しい台湾料理屋さんがたくさんあったんです。家族経営で、老酒や白酒や、永昌源の安い高粱酒なんかを飲ませて、つまみに豚足や豚の耳が食べられる……というね。華僑や引揚者の店が多かった。

僕も、学生の頃には台湾料理屋さんに随分お世話になった。台湾料理も中国料理の一画ですから、それによって中国料理の良さがわかったんだけど、そういうお店もなくなってしまった。

石橋　昔の東京には、高級店も大衆店もいいお店がたくさんあったよね。横浜の中華街ももっと良かったよ。

南條　都内にも名店がたくさんありましたよ。一番懐かしいのは、芝の留園。フランス料理のクレッセントの並びにあって、万博のパビリオンみたいな建物だった。あれは蘇州の留園という庭を持っていた清朝高官の一族が日本に来て開いた店です。4階か5階建てのビルが全部中華料理店で、畳の座敷もあった。北京、四川、広東、上海料理の4人のシェフを雇っていました。昔を知るご老人によると、一度も儲かったことがないらしい。

石橋　留園、CMもやっていたよね。

南條　あの店はその頃から悪い意味で大衆化してしまったらしいですけど。

ともあれ、日本に来たお金持ちの華僑が自分の交際や商談の場として、いわば拠点として料理店をつくるという習慣がありましたね。だから、ガツガツ儲けなくてもいい。そして腕のいい料理人を雇う。広東料理と上海料理はそんな風にして戦前から日本に入ってきています。餃子より焼売の方が早くから日本人に知られたのも、南方の華僑文化の影響ですね。

――時代がこうなってしまうと、改めて、食についての意識の啓蒙が必要なんでしょうね。

南條 それはそうです。難しい講釈はいいから、若い世代に美味しいものを食べさせないといけない。

僕も財布と相談して、できるだけ若い人にご馳走するようにしています。石橋さんのところにも誘うんだけど、男はあまり乗ってこない（笑）。女性は来る。白酒なんかも、女性の方がスイスイ飲む。

石橋 （笑）どうしてだろうね。確かに、女の子は、美味しいものを食べられるからと言って素直に来て楽しんでいる感じがありますね。

――若い男性は、美味しい食べものの意味をあんまり知らないのかな。

石橋　食べもので人生が変わる、ということを実感していないのかもしれないね。美味しいものを食べ続けることは、本当に大きいことです。いろんな意味で人生のクオリティが変わる。さっきも言ったとおり、身体も、頭も変わるでしょ。それで仕事もできるようになるでしょ。お金も稼ぎ続けていかないといけないし。まあ、それで苦労するようになるかもしれないけれど（笑）。

南條　僕みたいに（笑）。

石橋　まあ、おもしろい時代ではありますよね。やる気のある人間はどこまでも伸びますよ。でも、やる気のない人間はどこまでも落ちちゃう。

上海・大唐盛宴の前菜全景

前菜の盛り付け

前菜盛り付け。お皿以外は全部食べられます

「中国料理とはなにか」――「食べものには力がある」という意識

――ここで改めて、石橋シェフの料理についてお話をお伺いしたいと思います。まず、つまり、中国料理とはなにかということから始まると思うのですが。

南條　僕の場合、中国に行って食べるような味わいを感じさせるものが中国料理ですね。なかなか言葉で説明できないんですが、食べると瞬時にして感じる。美味しくても、まずくてもね。石橋さんの料理の味は、非常にアレンジしているけれども、一番肝心なところは中国的ですね。

石橋　私は、素材や料理法はもちろんなんだけど、それを含めて、健康への配慮を含めた中国料理の根本の考え方が大事なのかなと思っていますね。「中華」は文明圏を指す言葉で、シンガポールも台湾も、中華文明圏だよね。中国料理っていうと国家の問題になっちゃうけど、今の台湾料理の中に中国料理がないわけもない。だから、そういうことを超えた、大きい国土と長い歴史を踏まえた「中国料理」なのかな。

――中国料理に、なにか共通する一点のようなものはあるのでしょうか。

南條　具体的に言うと、どうでしょうね。あれだけ広くて、土地によって歴史も文化も気候風土も違うんだから、「中国料理はこれ」と一口に言うのは難しい。たとえば南方の人では主食に米を食べないと気がすまないけれど、北方の人は小麦食品が主食。地方によって、フランスとドイツ、ロシアとスペインくらいの違いはあるんじゃないかな、もっと大きいかな。

石橋　とにかく広いからねえ。北京の人と上海の人が結婚すると、困るの。食べものをめぐる姑さんと嫁の問題とかで、数多くの悲劇が起きるの。日本の九州と青森の違いどころじゃないんだね（笑）。

南條　一方で共通点もある。昔から中国は官僚社会で、科挙に受かった人たちが高級官僚になりましたが、生まれ故郷の役人にすると癒着して悪いことをするから、別の地方に派遣されるんです。たとえば北京出身の人は北京では役人になれない。そうすると、彼らは地方に赴任するとき、コックを連れて行くんです。自分の口に合うものが食べたいですからね。それで技術の交流が起こる。

フカヒレなんかは宴席につきものですから、内陸に赴任しても、フカヒレを料理させる。あれは乾燥食品で、遠くまで運べますから。逆に、料理人に言って、その地方独特の食材で素晴らしい料理を作らせたりする。だから、各地にレベルの高い料理があって、それぞれ個性がある。満漢全席も中国各地で開かれています。

日本の場合、震災や戦災で江戸料理が滅びてからは、高級料理というとすべて京料理で、一

午後の宴、前菜の全景

午後の宴、主菜の全景

四不象（シフゾウ）（麒麟）の飾りを使った料理

パンダの飾りを使った料理。パンダの肉ではありません

元化されたものになっていますよね。でも、中国は違います。

石橋 そう、だから、それぞれの料理の中で、トップの料理人たちはものすごくプライドが高いの。

南條 官僚制が料理を発達させた面は強いですね。

石橋 庶民だけだったら、南と北の食材をあんなには集められないもんね。

南條 日本の場合、高級料理の洗練の度合いはよそに引けを取らない。ただ、これは韓国やベトナムもそうですが、小さな国には満漢全席のようなものは生まれない。

歴史上、ローマ帝国は中国の良きライバルだったと言えるでしょうね。ただ、ゲルマン民族にやられてしまって、あれで1000年の西洋料理の文化がおじゃんになった。

――日本で武士が天下を取った構図に近い（笑）。

南條 イギリスなぞは大帝国をつくって、日の沈まぬ国と言われたけれども、食べものはご承知の通りですからね。

石橋 ローマ帝国はすごいよねえ。

南條 すごいです。ローマ人は、イギリスから生の牡蠣をはるばる運ばせて、生け簀で売っていたそうですからね。人類史上、美食家として中国人に対抗できるのはローマ人だけでしょうね。

結局、20世紀はアメリカが支配したから、ファストフードの世界になった。

――(笑)許せないですね。

石橋 僕の場合、見習いのときから中国料理を学んで、もう60年近いでしょう? 最初から一緒に働いていたのが中国人たちだったんだけれども、それが中国料理というものを知る上において、ものすごい財産だと思っているんです。

当時、私は身体が弱かったから、それを言うと、じゃあ、こうするといいよ、これを食べるといいよ、とか教えてくれるの。

お酒好きな中国人と一緒に働いていたんですが、彼は、毎晩飲むんです。朝、昨夜に飲み過ぎて頭が痛いと言って弱っている。それで大変だなと思って見ていたら、茶碗の中に生姜の千切りを入れて、そこに熱いお茶を入れて飲んでいるんです。そうすると、もう、すぐに元気になってガンガン鍋振ってるんだ(笑)。こっちはびっくりして、どうしてそうなるの? と聞いたら、あれは漢方薬だと。いろいろあるんだよと。

それからはこれはなにに効くの? と訊いていくと、いろいろと、これはなにに効くよ、これはあれに効くよと教えてくれる。野菜から肉まで、これはなにに効く、この病気に効く、と、全部教えてもらえたんです。それと同時に、食材の温と寒の区別ですね。

鳩の卵とナマコの煮物

チョウザメの煮物。チョウザメは全長1mを超えた個体は食べられません

南條　『本草綱目』には、あらゆる食材について温とか寒とか書いてありますね。温は体が温まるもの、寒は冷えるものです。そういうことを考えながら中国料理を食べるのも楽しい。

石橋　そう、これはおもしろいなと思って、自分でもいろいろ勉強していくようになった。

そこで実感したのが、食べものには力があるということです。

僕の料理というか、中国料理の基本は、この意識なんじゃないかなとも思いますね。

南條　それはありますね。僕にも似た経験があります。昔、例の岡君を晩飯に誘ったの。新宿の鹿鳴春に行ったんですが、岡君は前の晩に飲みすぎて、胃腸が荒れて、何も食べたくないという。上左衛門が腐ったみたいなどす黒い顔をしていたから、無理もない。彼は調子が悪いんですよと店の人にいったら、最初に出てきたのが茄子の細切りを揚げた油淋茄子だった。岡君は、それを少し食べたら顔色が戻って、元気になって、そのあとずっと飲んだり食べたりし続けたんですよ。ああ、中国料理はすごいなと思った。お店の人は、薬膳的な効果を考えて出してくれたんでしょうね。

石橋　僕もお店でそういうことがよくありますね。お客さんの顔色を見て料理とか味を変えたりしますから。

料理としての漢方を学んだのは本当に面白くて貴重な経験でした。

そこで得られたのは、ひとつひとつの知識以上に、つまり食べものは全て漢方薬なんだな、という意識ですね。

現地のシェフの超さんと、協力をいただいた成振森さん

上海・大唐盛宴の記念写真

そして、四季の食べものは漢方なんだ、身体にいいんだと。そうすると、同じものばかり食べないから食べすぎずに済む。毎日同じものを食べていたらどこかで副作用が出るの。考えてみたら、当たり前ですよね。漢方薬だってずっと同じものを摂っていたら副作用が出るんですから。

自然の中の人間、自然の中の食ということの意識はそのときに生まれたかもしれません。

南條　なるほど。

石橋　うちの親も、兄弟も、早死になんです。それを見ていると、やっぱり食べものじゃないかなと。母親はトコロテンが大好きで、夏でも冬でも食べていたんです。子どもの頃の私が見ていても、えっ、また食べてるの、というくらい。これで早く亡くなってしまったから、私はなるべく食べないようにしている（笑）。親父は漁師だから、しょっぱいものが好きでした。血圧が高かったんだろうね。だから私もしょっぱいものは食べないようにしています。

今、私は73歳ですから、もう少し生きれば80歳まで行けるだろうと。

南條　石橋さんには長生きしていただかないといけない。僕が食べるものに困ってしまいます。

石橋　（笑）わかりました。

――私は石橋さんに、料理が文化であると同時に、統治と健康のためのテクノロジーであることを学んだ気がしているのです。

南條　ああ、本当にその通りです。中国の昔の書物に『斉民要術』というのがあって、農業や飲食のことを記していますが、これなんかは題名に「術」と書いてある。つまり、その時代のテクノロジーを記録しているわけですね。

そういえば、現代中国の料理書も「何々科学技術出版社」というところから出ている本が多い。

石橋　料理は科学技術なんです。そして、自分でどう食事を選んでいくか。これも生きるための知識と技術だよね。

南條　料理は芸術でもありますよ。先ほどした高級な点心の話ですが、名人が朝のうちだけ仕事をしてさようなら、というのは、まさに芸術家の振る舞いです。書家なんかも、大事なものを書くときは、一日のうちでも気力が充実した時間を選んで筆をとる。点心もそれと相通ずるんでしょう。

僕はそういう点心が食べたいな。そういうものを食べると、魂が洗われるんです。料理は腹を満たすんじゃない。心を満たすんですよ。

石橋　そうですね、それを可能にするのが、料理人の心意気です。

南條　そう言ってくれる人がいるのは頼もしいな。石橋さんには長生きしていただきたい。

石橋　そうですね、まだまだ長生きしないといけない。人生楽しいですし、中国料理はまだまだ極められていないですから。まだまだ目指す領域は高くにあります。今日よりも明日、明日より明後日、と腕を上げていくつもりでいます。【了】

最後に

南條竹則先生ほか、たくさんの方々に助けられ、ようやく本の完成に至りました。
人間は、無駄があっていいと思っています。
ほとんどが無駄であっても、私にとっては勉強になっています。
私に意見を与えたくれた人たちに感謝しています――ありがとう。
家族と龍口酒家スタッフ、マネージャーに――ありがとう。

石橋 幸

石橋 幸（龍口酒家）

チャイナハウス・龍口酒家、オーナーシェフ。
1951年生まれ。15歳より料理の道に入り、60ほどの店を移りながら修行を重ねる。1983年、蒲田に龍口酒家を開店、独自の料理で人気店となる。1997年に渋谷・幡ヶ谷に移転。南條竹則氏とともに、2003年より満漢全席を研究。ミシュラン3回獲得、NHK「男の食彩」、TBS「アド街ック天国」、雑誌、書籍等、マスコミでの紹介も多数。

SLOGAN CUISINE #01

皇帝食 — 不老不死を求めて
古くて新しい"生命の料理"哲学
人はなぜ長生きを望むのか？

著者：石橋 幸（龍口酒家）
監修：南條竹則

編集：熊谷朋哉（SLOGAN）
ブックデザイン：渡部 伸（SLOGAN）
写真：大和田良（資料）、菊地和男（料理、人物）、
　　中川学（人物【カヴァー、帯、p.9】）、龍口酒家アーカイヴ
協力：臼田香太、早川覚子（ヘアメイク）

発行：2024年11月30日　初版発行
印刷・製本：シナノ書籍印刷株式会社

発売元：熊谷朋哉（SLOGAN）
株式会社スローガン
106-0032 東京都港区六本木4-3-11-125
Phone: 03-6721-1122 Fax: 03-6721-1123
https://www.slogan.co.jp/
info@slogan.co.jp

第1刷：2024年11月30日
ISBN: 978-4-909856-08-1